예언을 꽃피우다

길거리 복음전도자 홍바울 목사의 예언사역을 말한다

길거리 복음전도자 홍바울 목사의 예언사역을 말한다

2012년 2월 2일 초판 1쇄 발행

지 은 이	안창천
펴 낸 이	D3평신도사역연구소
펴 낸 곳	도서출판 우리하나
기 획	이경옥
디 자 인	임미정
교 열	임은묵
교 정	정혜지
제 작	장세민
등 록 일	2007. 4. 16
등 록	제 313-2007-96호
주 소	서울특별시 관악구 삼성동 1714-1번지
주문전화	02) 333-0091
팩 스	02) 885-8606
웹싸이트	www.d3.or.kr
E-mail	pacc9191@hanmail.net

값 10,000원

ISBN 978-89-93476-24-8

저자와의 협약아래 인지는 생략되어 있습니다. 이 출판물은 저작권법에 따라 무단 복제할 수 없습니다.

길거리 복음전도자 홍바울 목사의 예언사역을 말한다

예언을 꽃피우다

안창천 지음

우리 하나

| 목 차 |

프롤로그

1 첫째마당
길거리 복음전도자, 홍바울 목사를 말한다

홍바울 목사와의 첫 만남 12 | 그의 신앙성장기 14 | 뜻밖에 불어 닥친 시험 15 |
영적체험이 시작되다 17 | 드디어 주님을 만나다 19 | 아내를 통한 연단 21 |
더 깊은 영적체험을 하다 22 | 아내의 10년 주벽에도 가정을 지키다 23 |
또 다른 엄청난 시험을 만나다 25 | 고통은 믿음의 산실 27 | 아내를 용서하다 28 |
그의 예언사역은 이렇게 시작되었다 30 | 왜 그의 예언사역을 소개하는가? 32

2 둘째마당
한국교회를 향한 예언을 말한다

E교회를 향한 예언 36 | 지식 중심의 교회는 쇠퇴한다 40 | 임파테이션을 하라
- 김포공항 근처 교회 42 | 압구정에 있는 교회들에 대한 예언 45 | 대한민국을 봉헌하라
- 뚝섬 연합기도 50 | 절대적인 예언과 상대적인 예언 53 | 경기도를 봉헌하라
- 만남의 교회 56 | 죽은 자들의 절규 58 | 사람이 죽으면 어떻게 되는가? 64 |
K교회에서는 기도하지 말라 66 | 가난한 자들에게 하시는 말씀 68 | D순복음교회를
흩으신 이유 70 | 방언을 하지 않는 교회 78 | 충북 제천의 교회들을 향한 예언 83 |
길거리 즉석 부흥회 88 | 교회의 문을 항상 열어야 91 | 예일교회에서의 예언 93 |
방언으로 기도하라 96 | 성령에게 이끌리는 삶 100 | 동인천 소재 감리교회 지하예배
당에서 주신 메시지 102 | 삼선감리교회에 주신 메시지 104 | 장충교차로에서 107 |
영락교회에서 109 | 탈레반에게 희생된 자의 호소 111

> # 3
셋째마당 **대한민국을 향한 예언을 말한다**

남북통일을 위한 금식기도 명령 116 | 남북통일에 대한 예언 123 | 개 같은 우리의 민족성 124 | 이라크 전쟁에 대한 예언 126 | 왜 하나님께서 우리나라를 선교대국으로 사용하실까? 129 | 핵폐기물 처리시설에 대한 하나님의 뜻 131 | 만경강에서 세족식을 거행하다 134 | 어느 여름날, 북한산에서 137 | 어느 가을날, 도봉산에서 139 | 국립묘지에서 141 | 고려대학교에서 143 | 숭실대학교에서 146 | 유한대학에서 150 | 남산에 오르다 151

4
넷째마당 **세계열방과 종말을 향한 예언을 말한다**

거대한 쓰나미 재앙 156 | 싸스와 에이즈 159 | 주변나라들과 미국에 대한 예언 162

5
다섯째마당 **성경적인 예언을 말한다**

1. 예언이란 무엇인가? 168 | 2. 지금도 예언사역이 필요한가? 176 |
3. 신약시대의 예언은 어떤 역할을 하는가? 195 | 4. 예언사역, 이렇게 하라 201 |
5. 예언에 이렇게 반응하라 211

| 프롤로그 |

 필자는 세계에서 가장 단순하고 빠르게 평신도를 사역자로 세우는 전도중심적 제자훈련시스템인 'D3왕의 사역'을 창안하여 국내외 목회자와 평신도들을 섬기고 있기 때문에 겉으로 보기에 예언사역과는 전혀 관계가 없는 것 같이 보인다.

 그러나 사실 필자는 거듭나는 과정에서부터 예언사역과 깊이 관련되어 있다. 대학교 1학년 때 종강을 한 주 앞두고 있었다. 평소 나를 전도하기 위해 노력하신 김대기 장로님이 하나님께서 나에게 주신 말씀이라며 성경말씀을 펼쳐 보였다. 읽은 성경구절 중 특별히 다음 구절이 나의 마음에 와 닿았다.

 "그들이 미스바에 모여 물을 길어 여호와 앞에 붓고 그 날에 금식하고 거기서 가로되 우리가 여호와께 범죄하였나이다 하니라"_삼상 7:5-6

이 말씀을 읽는 순간 3일간 금식을 하기로 결정하고, 그 다음날 곧바로 금식에 들어갔다. 그리고 금식을 마치는 날 김대기 장로님이 다니는 교회에 참석하여 말씀을 듣고 기도하던 중, 나도 모르게 예배당 마룻바닥 위를 데굴데굴 구르면서 회개의 눈물을 흘렸고, 예수님을 영접함으로 거듭났다. 그 당시의 기쁨과 감격은 지금도 잊을 수 없다.

그 자리에는 당시 필자와 함께 자취를 하고 있었던 친구인 사랑의교회 오정현 목사도 참석했다. 그 교회의 사모님이 오정현 목사를 위하여 기도하던 중 장차 하나님께서 그를 세계적으로 사용하실 것이라고 예언했다. 그래서 필자도 물었다. "저는 어떻게 되나요?" 그러자 그 사모님은 필자도 크게 사용하실 것이라고 예언했다.

그 후로 필자는 예언에 깊은 관심을 갖고 관련 서적을 탐독하였고 바른 예언사역을 하기 위해 많은 노력을 하였다. 그러나 대부분의 복음주의자들이 지금은 예언과 계시가 중지되었다고 가르칠 뿐만 아니라, 나 역시 예언사역의 어두운 면을 많이 경험했기 때문에 예언사역은 나의 주된 관심으로부터 점점 멀어져가고 있었다.

그러던 중 최근에 홍바울 목사님의 미출간 저서인 '나의 삶 속 祈禱 巡歷과 그 抄錄'을 읽던 중, 길거리 복음 전도자 최춘선 할아버지에 뒤이어 아주 귀한 사역을 하시는 분이라는 생각이 들어 그의 성경적인 예언사역을 소개함으로써 영적인 각성을 일으킬 뿐만 아니라, 영적인 신앙생활을 어떻게 해야 할지 몰라 방황하는 그리스도인들에게 조금이라도 도움이 되기를 바라는 마음에서 본서를 집필하게 되었다. 부디 본서를 통하여 주님을 사랑하는 마음이 불일 듯 일어남으로 주님의 재림을 준비하는 종말적인 삶을 살게 되기를 기도드린다.

주후 2012년 1월 3일
안창천

1
첫째마당 |

길거리 복음전도자, 홍바울 목사를 말한다

홍바울 목사와의 첫 만남

2011년 봄경이었다. 주일 낮 예배에 낯선 노인 한 분이 오셨다. 예배 후 악수를 청하며 어떻게 오셨냐고 물었더니 그냥 지나다가 들렀다고 하며 "말씀에 은혜를 받았다"는 말을 건네고, 함께 식사를 하며 이런저런 이야기를 하다가 오후 예배시간이 되자 교회를 떠났다.

그런지 몇 개월이 지났다. 또 그가 예배에 참석하였는데 지난번과는 달리 자신이 목사라는 것을 밝히면서 녹번동에 살고 있는데 성령님의 인도하심을 따라 이 교회 저 교회를 다닌다고 했다.

두 달 전이었다. 예배를 드릴 시간이 다 되어 강단으로 가려고 하는데 그가 목양실로 찾아와 인사를 건네며 그의 사역을 기록한 미출간 저서인 '나의 삶 속 祈禱巡歷과 그 抄錄'을 내밀었다. 강단으로 가려고 하던 차에 책을 받았기 때문에 그 책을 손에 든 채로 올라갔다.

사실 그 책을 읽기 전까지만 해도 필자는 그에게 별로 관심을 보이지 않았다. 왜냐하면 신천지를 비롯하여 이상한 사람들이 자주 교회에 드나들 뿐만 아니라, 교단도 밝히지 않고, 연세가 많아 교제의 대상이 되지 않는다고 생각했기 때문이다.

잠시 내용을 훑어보았더니 장차 한국교회와 대한민국과 세계열방을 향한 예언이 일기형식으로 적혀 있었고, 문장은 읽기에 불편함이 없이 다듬어져 있었다. 순간, 사람을 외모로 판단하면 안 되겠구나 하는 생각이 번득하고 들었다.

예배 후 식사를 하던 중 그는 필자에게 자신을 이렇게 소개했다. "저는 개 교회를 담임하지 않고 성령께서 가라고 하시는 곳에 가서 하나님의 말씀을 전하는 일을 하고 있습니다."

그 말을 듣는 순간 맨발의 복음전도자 최춘선 할아버지가 떠올랐다. 그래서 최춘선 할아버지의 사역을 한국교회에 소개하여 큰 은혜를 끼친 김우현 감독에게 그를 소개하여 그의 예언사역을 국내에 알려야겠다고 생각했다.

그러나 기도하던 중 그의 예언사역이나 필자의 제자훈련사역이나 방법만 다를 뿐 한국교회를 깨우고 건강하게 하는 것은 동일하기 때문에 그의 사역을 소개하면 한국교회를 보다 더 건강하게 할 수 있을 것이라는 생각이 들어 그와 친밀한 교제를 갖기 시작했다.

그의 신앙성장기

그의 신앙생활은 유년기 시절에 시작되었다. 거의 모든 아이들처럼 그도 역시 예배 후 나눠주는 과자와 사탕을 받아먹는 재미로 교회를 다녔다. 그러나 매주 예배에 참석하여 주일학교 교사가 들려주는 성경이야기를 듣고, 찬송을 부르며, 눈 감고 기도를 따라 하다가 하나님을 경외하는 마음을 갖게 되었고 하나님을 의식하는 삶을 살아가고픈 마음을 먹게 되었다.

중학교 시절에는 이사를 하게 되어 도시교회에 출석하였고 고등학교 시절에는 봉사부장 직분도 감당했다. 그러나 대학입시를 핑계로 고3때부터 교회를 다니지 않다가 군에 입대하여 야전병원에 배속이 되었는데 그곳에 교회가 있어 다시 신앙생활을 시작하게 되었다. 그러나 영적으로 성숙한 단계에 있지 않았기 때문에 하나님께 예배를 드리기보다는 사역병으로 나가지 않으려고 예배에 참석했을 뿐이었다. 제대 후 교회를 멀리하던 중 친형인 홍정표(검사와 변호사를 거쳐 상주지역 5대 국회의원에 당선됨)의 주선으로 독일에 15개월간 머무르게 되었는데 그곳에서 다시 신앙생활을 시작했다.

귀국 후 공무원시험에 합격하여 철도청에서 근무하

다가 좀 더 돈을 많이 벌기 위해 3년 만에 사직서를 제출하고 사업을 시작하였으나 사기꾼에게 속아 재정적으로 큰 어려움을 겪게 되었다.

먹고 살기 위해 리어카(rear car)를 구입하여 서울 상도동 시장에서 장사를 시작하였는데 예상외로 장사가 잘 되어 2년 만에 주택을 구입하게 되었고, 부동산 소개업도 하게 되어 물질적으로 엄청난(?) 축복을 받게 되었다. 하지만 신앙과는 동떨어진 삶을 살아가고 있었다.

뜻밖에 불어 닥친 시험

그가 부동산 소개업으로 돈을 많이 벌고 있을 때였다. 하루는 자신의 사무실에 개척교회를 하려고 건물을 찾고 있던 젊은 전도사가 찾아와서 소개를 했다. 그런데 그가 중개한 건물에서 교회가 시작된 것을 계기로 그동안 중단했던 신앙생활을 다시 시작하게 되었다. 그러나 너무 바쁜 나머지 교회에 봉사도 제대로 하지 못하고 있었다. 말로는 신앙생활을 한다고 하였지만 실제로는 돈을 좇아가고 있었다. 심지어 주일에 교회에 가려고 집을 나섰다가도(살림방이 부동산소개소에 딸려 있었음)

손님들이 몰려오면 낮 예배를 드리지 않고 저녁 예배만 드리는 경우가 비일비재했다.

사업은 잘되어 그의 배는 점점 불러가고 있었지만 교회는 재정적으로 어려운 가운데 있었다. 그는 이런 사실이 늘 마음에 걸려 헌금이라도 드려 속죄를 받으려고 했지만 이 조차도 아내의 눈치를 봐야 하는 상황이라 이러지도 저러지도 못하고 있었다.

그러던 어느 날 그는 용기를 내어 아내에게 말했다.

"우리는 이 정도 물질적 축복을 받았지만 교회는 교인도 적고 재정도 빈약하니 우리가 교회의 월세를 전세로 전환시켜 줍시다."

그러자 그의 아내가 쾌히 승낙을 했다. 그 순간 그의 마음은 뛸 듯이 기뻤고 평소 교회에 빚을 졌다는 생각에 편치 못했던 마음이 한순간에 눈 녹듯이 사라졌다.

그런데 곧바로 시험이 닥쳐왔다. 아내와 그런 말을 주고받은 지 얼마 지나지 않아 이웃 중개업자로부터 좋은 점포가 있다는 말을 듣고 즉시 계약을 했는데, 다음날 알아보니 계약내용과 등기평수가 달라 분쟁이 발생했고 급기야는 중도에 팔게 되어 350만원의 손해를 보게 되었다. 당시 교회를 전세로 전환시키는데 필요한 돈은

70만원이면 족했다. 결국 교회의 월세를 전세로 전환시키겠다는 약속을 지키지 않은 대가로 5배나 되는 재정적 손실을 입게 되었다. 그는 그렇게 된 것이 하나님의 징계임을 깨닫고 뒤늦게나마 눈물을 흘리며 회개의 기도를 드렸다.

영적체험이 시작되다

그가 점포 건으로 심적 고통을 겪으며 지내던 중, 문제가 된 상가를 중개한 부동산소개소에 들렀는데, 마침 사람들이 소주와 함께 소의 간(肝)을 기름 섞인 소금에 찍어 먹고 있었다. 그도 다른 사람의 권유로 술 한 잔과 기름 섞인 소금에 찍은 소의 간을 입에 넣고 삼키려는 순간 다음과 같은 음성이 들렸다.

"피를 먹지 말라!"

자신의 생각인지 하나님의 음성인지 모르지만 그 음성을 듣고 나자, "이제 곧 죽는다"라는 생각과 함께 공포감이 그를 짓누르기 시작했다. 견딜 수 없어 밖으로 뛰쳐나와 약국으로 가서 엉겁결에 술 깨는 약을 달라고 하여 박카스를 마셨지만 전혀 차도가 없었다. 창피한 줄도 모르고 약국 안에 있는 긴 의자에 힘없이 누웠더니 사람들이 웅성거리며 몰려들었다.

  그래서 집으로 돌아와 방에 몸을 던지듯 쓰러져 나뒹굴면서 벽에 머리를 찍어보고 꼬집어보기도 했지만 전혀 감각이 없었다. 또한 벽에 붙은 거울을 통해 자신의 얼굴이 백지장처럼 창백한 것을 보고서는 곧 죽을 것 같은 생각이 들자, 그는 "나는 죽는다"를 연거푸 외쳤다.

  자신이 곧 죽을 것을 생각하니 갑자기 세 아이의 얼굴이 떠오르며 그들이 불쌍하다는 마음이 들어 그의 아내에게 "아이들을 잘 부탁한다"고 유언을 했지만 그의 아내는 시큰둥한 반응을 보였다. 순간 야속하다는 생각이 들었다. 그러나 그는 피 사건을 통하여 다음과 같은 교훈을 깨닫게 되었다.

'구약시대에는 짐승의 피로 제사를 드렸지만 신약시대에는 짐승 대신 예수께서 단 번에 영원한 속죄제사를 드리셨고 그분의 피로 교회가 탄생되었다. 그래서 교회는 예수 그리스도의 머리이시고 예수님은 교회의 주인이시다. 따라서 교회의 월세를 전세로 전환하는 것은 곧 예수께서 피로 세운 교회를 위한 일이다. 그런데 교회를 경홀히 여기고 돈을 더 중시하여 월세를 전세로 바꾸지 않았기 때문에 하나님의 심판이 임한 것이다.'

드디어 주님을 만나다

그는 소의 간을 토해내면 살 수 있을 것 같다는 생각에 토해내려고 몸부림을 쳤지만 아무 소용이 없었다. 별안간 위로부터 "기도하라!"는 음성이 들렸다. 그러나 한 번도 기도해 본 적이 없었기 때문에 기도할 수가 없었다. 그런데 자신도 모르게 기도가 터져 나왔다.

"하나님! 내 모든 것을 바치겠습니다."

그러자 갑자기 바람 같은 소리가 나고 구름인지 안개인지 모를 짙은 연기가 앞을 내다볼 수 없을 정도로 골방 전체를 가득 메우더니 별안간 방언이 터져 나왔다. 그가 방언을 하고 있을 때 여섯 살 난 둘째 아들이 그와 똑같이 방언을 하고 있었다. 그가 아들에게 어떻게 방언을 하게 되었냐고 물었더니 우리 아빠 살려주시면 주의 종이 되겠다고 서원하자 방언이 나왔다고 말했다고 한다.

그는 이처럼 대낮에 방안에 짙은 안개가 가득했던 것을 하나님께서 그곳에 임재하신 것으로 해석했다. 방언을 하던 중 눈을 뜨자 한 치 앞도 볼 수 없을 정도로 방안에 가득했던 구름이 서서히 걷히면서 방안의 아들과 가구들이 보이기 시작했다. 얼굴을 거울에 비춰보니 창백한 얼굴 모습은 온데간데없이 사라지고 지금까지 보았던 자신의 얼굴과는 비교도 할 수 없을 정도로 아름다운 얼굴로 변해있었다.

그는 너무 기뻐서 신발도 신지 않은 채 골목길 한 복판에서 춤을 추며 "성령 받았네! 성령 받았네!"를 연호하면서 교회로 달려갔다. 그러자 아들도 그의 뒤를 따랐는데 집에 가득했던 짙은 구름이 집에서 교회까지 따라갔고 교회 안에 가득했다고 한다.

아내를 통한 연단

점포 계약 건이 발생한지 약 2년이 다 되어가고 있을 때에 그 일로 그의 아내는 우울증이 생겼고 정신착란 증세까지 보였다. 엎친 데 겹친 격으로 아내의 심한 주벽으로 가지고 있던 많은 돈과 부동산이 줄어들기 시작했다.

그러나 그는 주님의 일을 더 열심히 하면 하나님께서 저버리시지 않고 도우실 것을 믿고 인내했다. 그리고 부동산 소개업을 더욱 더 열심히 운영하며 자녀들에게는 벽에 하나님의 말씀을 써놓고 밥 먹을 때나 잠들기 전에 그 말씀을 읽도록 했다.

세월이 많이 흘렀지만 그의 아내의 주벽은 멈출 기미를 보이지 않았다. 하루는 동네 사람들이 모두 잠든 자정쯤이었는데 그의 아내가 술을 잔뜩 마시고는 큰 소리를 지르고 통곡하며 집을 향하여 오고 있었다. 그 모습을 보고 너무 화가 난 나머지 좇아가서 야구방망이로 내리친 적도 있었다. 그러나 술만 깨면 언제 그랬는가 싶을 정도로 얌전해졌다.

더 깊은 영적체험을 하다

그는 아내를 야구방망이로 내리친 다음날부터 철야를 작정하고 교회에서 사흘간 기도하기 시작했다. 이틀 밤까지만 해도 기도를 간절히 하지 않았다. 그러나 마지막 날 밤에는 교회 맨 앞으로 가서 하나님께 매달려 간절히 부르짖었다. 새벽 2시경으로 추측이 되는데 갑자기 거대한 물체가 그를 공격해 왔다. 꼬리 부분은 보이지 않을 정도로 길고, 몸 둘레는 거의 2층집 정도로 두껍고, 온몸이 철로 입혀진 원통형 몸통을 가진 용의 모습이었다. 성경은 용을 마귀 곧 사탄이라고 증거하고 있다.

"용을 잡으니 곧 옛 뱀이요 마귀요 사탄이라 잡아서 일천년 동안 결박하여"_계 20:2

그 용이 입을 벌리고 달려드는데 벌린 입의 크기는 상상을 초월할 정도로 컸다. 감히 대적하여 싸울 수 없을 정도로 거대한 용이었지만 "예수의 이름으로 물러가라!"라고 외치자 신기하게도 용이 천리 길로 순식간에 줄행랑을 쳤다. 그러나 잠시 후 또 다시 빠른 속도로 공격해왔다. 또 "예수 이름으로 물러가라!"라고 명령하자 다시 도망을 갔다. 그렇게 반복하기를 수십 분 동안 하자 그 용이 완전히 사라지고 마귀와의 영적전쟁은 그의 승리로 끝나게 되었다.

그는 용, 즉 마귀와의 싸움에서 승리한 후 예수의 이름이 얼마나 강력한지를 체험하고 다음과 같이 고백하고 있다.

"위대하신 그 이름 예수 그리스도, 참으로 아름답고 귀한 이름이여! 만물과 만왕을 다스리는 위대하신 이름 예수 그리스도는 우리의 구원인 것을 확신한다. 또한 예수는 악한 자로부터 우리를 지켜주시고 보호해주시는 이름인 것을 확신한다."

아내의 10년 주벽에도 가정을 지키다

그의 영적체험은 계속되었고 믿음은 점점 견고해지고 있었다. 그러나 환난은 그치지 않고 계속되었다. 아내는 술을 마시기만 하면 꼭 다른 사람들과 싸움을 하여 경찰서 신세를 졌기 때문에 그 문제를 해결하기 위해서 항상 돈을 쓸 수밖에 없었다. 반복되는 일로 동네 사람들의 얼굴을 보기가 민망하여 부동산소개소를 처분하고 다른 곳으로 이전을 했다. 아내가 자그마치 10년간 술을 마시고 사고를 치고 다녔으니 어찌 그 동네에서 얼굴을 들고 살 수 있었겠는가?

아내의 주벽이 너무 오랫동안 지속되었기 때문에 늘 마음이 불안하였고 가정의 행복은 사라진 지 오래되었다. 그리고 사고를 칠 때마다 돈으로 해결했기 때문에 수중에 남아 있는 돈도 거의 없게 되었다. 다른 사람들은 예수님을 믿지 않아도 잘 먹고 잘 사는데, 왜 자신은 영적체험을 많이 하고 믿음으로 살려고 노력해도 고난이 계속되는지 이해할 수 없었다.

아내의 주벽을 고쳐달라고 날마다 매달려 기도했지만 변화의 기미가 전혀 보이지 않자 그는 자신을 저주받은 자라고 생각하기까지 했다. 그러나 그런 와중에서도 그에게는 아내와 이혼하지 않고 가정을 지켰다. 그가 그렇게 할 수 있었던 이유는 그의 힘과 능력이 아니라 말씀이 그를 붙잡고 있었기 때문이었다.

"나는 너희에게 이르노니 누구든지 음행한 이유 없이

아내를 버리면 이는 그로 간음하게 함이요 또 누구든지 버림받은 여자에게 장가드는 자도 간음함이니라"_마 5:32

또 다른 엄청난 시험을 만나다

그가 마귀와의 영적전쟁을 치른 후였다. 아침에 찬물로 샤워하고 출근하는데 마치 감기가 들린 것처럼 코가 이상해서 잠시 약국에 들러 약을 사서 사무실로 향했다. 그런데 웬일인가? 사무실에 도착하자마자 몸이 부르르 떨리고 하늘과 땅이 빙빙 도는 것 같아 정신이 없었다. 옛날에 술에 만취한 적이 있었지만 그때와는 비교가 되지 않을 정도로 몸을 가눌 수 없었다. 그의 모습은 마치 미꾸라지를 잡아 땅에 내동댕이치면 부르르 떠는 것과도 같았다.

약물 부작용으로 생각하여 약국에 전화를 했더니 우유를 마시고 안정을 취하면 괜찮을 것이라고 해서 그대로 했지만 전혀 차도가 없었다. 혹시 아침에 식사를 적게 해서 그럴지도 모른다는 생각에 식당에 가서 설렁탕을 주문하고 앉아있었다. 그런데 갑자기 속에 불이 난 것 같은 느낌이 들면서 자신도 모르게 "불이야! 불!"을 외치면서 식당 바닥을 기어 다녔다. 그를 목격한 사람들이 급히 병원으로 옮겼지만 별다른 이상이 발견되지 않아 링거(ringer)만 맞았다.

조금 나은 것 같아 집으로 돌아오는데 갑자기 굉음이 귀에 들리고 온몸을 바늘로 콕콕 쑤시는 듯한 고통이 찾아왔다. 엎드려도 누워도 고통이 멈추지 않았고 어지러워서 일어설 수조차 없었다. 그래서 다시 병원에 입원해서 검사를 받았지만 원인을 알아내지 못했다. 조그마한 병원이라 그렇다고 생각해서 영동세브란스로 옮겨 검사를 받았지만 결과는 역시 마찬가지였다. 내과진료로 유명한 병원에 찾아가서 진료를 받았는데 거기서도 역시 아무런 병이 없다는 진단을 받았다. 경희대 한방병원에 가서 한약을 먹고 침을 맞아도 소용이 없었다. 백약이 무효였다.

이렇게 이 병원 저 병원 찾아다니며 돈을 물 쓰듯 하자 그 많던 재산을 다 탕진하게 되었고 급기야는 보증금 100만 원에 월 15만 원짜리 지하방으로 이사를 하게 되었다.

고통은 믿음의 산실

그가 이런 질병을 얻은 지 만 1년이 되는 어느 날이었다. 부동산 중개로 알게 된 사람의 소개로 신유은사를 받은 사람을 만나게 되었다. 이틀 간격으로 만나 예배를 드리면서 병 낫기를 위해 집중적으로 기도했다. 그동안 의존해 왔던 병원약과 한약보따리를 내던지고 오직 기도로 고치겠다는 믿음으로 하나님께 매달렸다. 그는 약속의 말씀을 붙잡고 기도했다.

"너희 중에 병든 자가 있느냐 그는 교회의 장로들을 청할 것이요 그들은 주의 이름으로 기름을 바르며 그를 위하여 기도할지니라 믿음의 기도는 병든 자를 구원하리니 주께서 그를 일으키시리라 혹시 죄를 범하였을지라도 사하심을 받으리라 그러므로 너희 죄를 서로 고백하며 병이 낫기를 위하여 서로 기도하라 의인의 간구는 역사하는 힘이 크니라"_약 5:14-16

이처럼 하나님의 약속의 말씀을 붙잡고 기도해도 고통은 쉽게 사라지지 않았다. 잠시 잠을 자는 시간 외에 분초마다 다가오는 고통, 어지럼증, 온몸 뼛속까지 콕

콕 쑤시는 고통으로 견디기 힘든 나날을 보내고 있었다. 어떤 날은 기도를 한마디도 할 수 없을 정도로 고통스러웠다. 그런데 자주 예배를 드리는 과정을 거치면서 그도 모르게 믿음이 더욱 견고하고 왕성해졌다. 그러던 어느 날 자신의 고통은 예수께서 십자가에서 당하신 고통에 비하면 아무것도 아니라는 생각을 하게 되자 모든 고통을 넉넉히 인내할 수 있었다.

그리고 자신이 왜 그런 고통을 당해야 하는지를 깨닫게 되었다. 그것은 다름 아닌 가난과 질병으로 고통당하는 자의 아픔을 체험하게 하심으로 그들을 위해 진심으로 중보기도하는 삶을 살도록 하기 위한 것임을 알게 되었던 것이다.

아내를 용서하다

온몸의 고통으로 힘들었지만 날마다 새벽기도는 멈추지 않았다. 하루는 지팡이에 의지하여 거북이처럼 한 보씩 내디디며 교회로 향하고 있었는데, 갑자기 다음과 같은 생각이 들면서 설움이 북받쳐 눈물이 두 뺨으로 흘러내렸다.

'왜 나는 해를 거듭하여 아프단 말인가?'

'그 많던 재산은 다 어디로 갔단 말인가?'
'왜 아내는 술을 못 끊고 나의 마음을 아프게 하는가?'
교회에 도착하여 하나님께 북받친 심령을 억제하지 못하고 일성으로 외쳤다.
"하나님 아버지! 왜 환난이 나에게 이토록 깁니까?"
그러자 주님께서 사람의 목소리로 이렇게 말씀을 하시는 것이었다.

"내가 너를 도구로 크게 쓰리라."

이에 그는 곧바로 이렇게 말씀을 드렸다.
"주님! 제 아내가 믿음이 없어요."
그러자 주님께서 이렇게 대답하셨다.

"그녀는 내 딸이니라."

그 음성을 듣는 순간 아내를 미워했던 마음, 아내로 인해 속상했던 마음이 눈 녹듯이 사라졌다. 그리고 '하나님의 딸인데 내가 그녀를 어찌 판단하랴'라고 생각하자 그의 아내에 대한 모든 염려를 주님께 맡길 수 있게 되었다.

그의 예언사역은 이렇게 시작되었다

그가 51세부터 63세까지 가난과 병마와 아내의 주벽으로 인해 큰 고통을 당했지만, 하나님께서 이미 다른 한편으로는 그에게 큰 사명을 준비하고 계셨다. 그것은 다름 아닌 한국교회와 대한민국과 세계열방을 향한 하나님의 메시지를 전달하는 사명이다. 그가 이 사명을 준비하기 시작한 것은 2002년 신학교 1학년 재학 중이었을 때였다.

어느 날 그는 하나님께서 집 근처에 있는 은광교회에 가서 기도하라는 음성을 듣고 지하기도실로 발길을 옮겼다. 무릎을 꿇고 기도를 시작하자 주님께서 그에게 다음과 같은 음성을 들려주셨다.

"사랑하는 아들아, 내가 너를 이곳(은광교회 기도실)에 오게 한 것은 내가 너에게 말하기 위해서이다. 사랑하는 아들아, 걱정하지 마라. 내가 너의 진로를 정하리라. 너를 전권대사로 지명하여 세계적인 예언을 비롯하여 한국교회에게 전달해야 할 예언들을 주겠다. 너는 모든 교회들에게, 특히 주의 종들에게 경고, 권면, 칭찬, 진로계시,

질책 등 나의 뜻을 전하여 그들로 하여금 깨닫도록 하는 사명을 맡은 나의 특명대사이다. 그 범위는 전 세계적이다. 때가 이르면 세계 어느 곳이든지 가서 강단에 서서 나의 말을 대언하게 되리라. 너는 교회들을 깨우는 사명을 감당하리라. 지금은 드러나지 않았지만, 나중에는 드러나리라. 내가 세우리라. 참으로 나의 사랑하는 종이니라. 내가 십자가에서 당한 고통만큼은 아니지만, 네가 병들어 고통당하며 아픔을 느끼게 한 것은 나의 고통을 체험하게 하려는 뜻이 있었노라. 마가복음 16장 17-18절을 하루도 건너지 말고 입으로 외치라. 내가 너에게 말한 대로 그대로 되리라."

그 후로 그는 하나님의 음성을 통해 받은 사명을 감당하기 위해 그 길을 묵묵히 걷고 있다. 하나님께서는 그 사명을 온전히 감당할 수 있도록 이미 언어도 습득하게 하셨다. 그는 중학시절부터 하루도 건너지 않고 영어공부를 했기 때문에 타임지를 사전 없이 읽을 수 있을 뿐만 아니라, 지금도 영어성경을 날마다 읽고 있어 어디를 가든지 영어로 복음을 전할 수 있는 실력을 갖추고 있다.

왜 그의 예언사역을 소개하는가?

처음에는 다른 사람에게 그의 예언사역을 소개하고 필자는 빠지려고 했다. 왜냐하면 자칫 잘못하면 'D3왕의사역'에 좋지 않은 영향을 미칠 수 있다고 생각했기 때문이다. 그러나 돌연 그런 생각을 바꾸어 그의 예언사역을 직접 소개하게 된 데에는 그럴만한 이유가 있다.

첫째로, 그의 예언사역이 주님의 지상명령인 복음전파에 있기 때문이다. 그는 예언사역을 통해 교회와 목회자들에게 복음적 사명을 온전히 감당하도록 권면하고 있다. 반면에 필자는 기록된 말씀으로 전도하고 양육하는 평신도사역자를 훈련하여 그들로 세계복음화를 이루는 사명을 갖고 있다. 그나 필자나 모두 복음을 땅 끝까지 전하는 일을 하고 있는데 필자가 말씀훈련을 통해서 그 일을 하고 있다면 그는 예언사역을 통해서 하고 있는 것이다.

둘째로, 그의 예언사역이 기존의 예언사역자들의 사역과 다르기 때문이다. 그가 필자에게 준 미출간 저서에는 그의 연단과 목사가 되기까지의 과정 그리고 예언사역을 하게 된 배경과 내용을 담고 있는데, 예언의 내용이 주로 한국교회와 대한민국과 세계열방을 향한 것이지, 개인의 길흉화복에 관한 것이 아니다. 필자는 그의 저서를 읽으면서 마치 구약시대의 선지자들이 당시 부패한 종교지도자들과 불순종하는 이스라엘백성들과 열방을 향해 하나님의 말씀을 대언한 것과 매우 흡사하다는 생각을 했다.

셋째로, 그의 예언사역은 우리의 관심을 예수 그리스도의 재림에 두게 하기 때문이다. 최고의 예언은 주님의 재림이기 때문에 모든 예언은 주님의 재림을 준비하는 삶을 살도록 해야 한다. 그런데 오늘날의 예언은 어떠한가? 이 세상의 염려나 문제를 해결하는 수단으로 사용되고 있을 뿐, 종말신앙을 살게 하는 것과는 거리가 멀다. 그러나 홍바울 목사의 예언은 우리의 관심을 이 세상이 아니라 하나님의 나라에 두게 한다. 그렇다고 그가 개인의 신상에 관한 예언사역을 전혀 하지 않는 것은 아니다. 그도 성령의 인도하심을 따라 경우에 따라서는 개인의 신상에 관해 예언하기도 한다.

2

둘째마당 |

한국교회를 향한
예언을 말한다

E교회를 향한 예언

한때 홍바울 목사는 E교회의 지하기도실을 기도처소로 사용했었다. 새벽에 그 교회에 가면 한두 명이 기도하고 있거나 혼자 기도하는 것이 일반이었다. 원래 그 교회의 새벽기도회는 2층 본당에서 하지만, 그는 본당에서 새벽기도를 하지 않았다. 그 교회의 교인이 아니었기 때문이 아니라 하나님께서 그리로 인도하시지 않았기 때문이었다.

언젠가 지하기도실에서 기도할 때였다. 하나님께서 그에게 "E교회는 은사를 사모하라"라는 메시지를 담임목사에게 전하라는 음성을 듣고 그대로 순종했다. 그런지 몇 달이 지났을 때였다. 주님께서 그로 하여금 그 교회의 담임목사에게 전하게 하신 대로 그들이 순종하고 있는지를 확인하기 위해 평소 기도하던 지하기도실로 가지 않고 2층 본당으로 올라갔다.

그러나 담임목사에게 전달이 안 되었는지 전혀 변화가 없었다. 그래서 그는 큰 소리로 통성기도를 유도하면서 "방언기도도 하시오!"라고 외쳤다. 그러자 여기저기에서 통성기도와 방언기도가 터져 나왔다. 기도의 불이 붙은 것이었다.

며칠 후, 그는 기도하기 위해 다시 그 교회의 본당으로 올라갔다. 그런데 그 때는 담임목사가 해외선교지를 방문하던 기간이었기 때문에 부목사가 기도회를 인도하고 있었다. 며칠 전에 보았던 상황과는 전혀 다른 분위기였다. 불을 끄고 쥐 죽은 듯이 묵상으로 기도하고 있었다. 아마도 부목사가 일률적으로 소리 내지 말고 기도하라고 강요했던 것 같았다. 너무 안타까웠다.

혹자는 하나님께서 모든 것을 다 알고 계실 뿐만 아니라 귀머거리가 아니시기 때문에 굳이 소리를 내어 기도하지 않아도 된다고 가르친다. 그러나 죄 사함의 전제조건은 통회자복이다. 회개하는 과정에서 콧물과 눈물을 흘리고 통곡하는 것은 당연한 것이다. 또한 절박한 문제 앞에서 어찌 부르짖지 않고 속으로만 기도할 수 있겠는가?(렘 29:11-13) 예수께서 어떻게 기도하셨는가?

"그는 육체에 계실 때에 자기를 죽음에서 능히 구원하실 이에게 심한 통곡과 눈물로 간구와 소원을 올렸고 그의 경건하심으로 말미암아 들으심을 얻었느니라"_히 5:7

예수께서는 하나님의 아들이심에도 불구하고 심한

통곡과 눈물로 간절히 기도하셨다. 하물며 연약하고 부족한 우리가 어찌 통곡하며 부르짖어 기도하지 않을 수 있겠는가?

그는 조용하게 기도하는 것이 못마땅해서 큰 소리를 내어 방언으로 기도했다. 그러자 부목사가 다가오더니 그의 어깨를 툭툭 치면서 지하기도실에 가서 기도하라는 것이었다. 물론 다른 사람들이 조용하게 기도하는데 방언으로 크게 기도하는 것은 삼가야 한다. 그러나 우리가 기도할 때에 가장 먼저 생각해야 할 것은 주님께서 원하시는 방법대로 하는가이다. 왜냐하면 신앙생활이란 주님을 따라가는 것이기 때문이다.

필자도 홍바울 목사와 같은 경험을 한 적이 있다. 갓 거듭나서 믿음이 불타고 있을 때였다. 가장 절친한 친구를 전도하기 위해 갔는데 밤이 늦어 그 집에서 잠을 자게 되었다. 늘 새벽기도를 하고 있었기 때문에 친구 집 근처에서 가장 가까운 교회를 찾았다. 설교를 듣고 기도하는 시간이었다. 성도들이 기도를 하는데 아무 소리를 내지 않고 있었다.

그러나 필자는 통성기도에 익숙해 있었기 때문에 소리를 내어 기도하기 시작했다. 조금 시간이 지나자 누군가가 다가오더니 나의 어깨를 치면서 조용히 하라고 하는 것이었다. 순간 당황하지 않을 수 없었다. 나중에 알고 보니 그 교회는 장로교 고신총회에 속한 교회로서 방언이나 통성기도를 못하게 하고 있었다.

 교인수가 많으면 무엇 하고 건물이 크고 화려하면 무엇 하겠는가? 하나님의 뜻대로 신앙생활을 하지 않으면 아무 소용이 없다. 물론 통성기도를 해야만 하나님의 뜻대로 신앙생활을 하는 것은 아니다. 또한 묵상기도를 한다고 해서 신앙생활을 잘못하는 것도 아니다. 성경은 묵상기도와 통성기도에 대해서 모두 말씀하고 있음에도 불구하고 묵상기도만 강조하고 통성기도는 하지 못하게 하는데 문제가 있음을 지적한 것이다.

지식 중심의 교회는 쇠퇴한다

지금은 성령의 시대이다. 하나님의 신, 예수의 영이신 성령의 시대이다. 성령의 시대라 해도 말씀에만 편중하고 기도를 뜨겁게 하여 성령의 능력이 나타나지 않는다면 절름발이 사역을 할 수밖에 없다. 우리는 예수께서 성령의 능력으로 가르치시고, 복음을 전파하시고, 병든 자를 고쳐주시고, 귀신들린 자들을 자유케 하셨음을 기억해야 한다.

예수께서 우리의 구주가 되시고 성경이 하나님의 말씀인 것을 믿어도 성령께서 역사하시지 않으면 어떤 능력도 행할 수 없다. 질병과 가난과 가정불화 같은 문제들을 해결하는 데는 3차원의 지혜나 지식이나 명철로는 한계가 있다. 하나님의 세계는 영의 세계로 초차원의 세계다. 영의 세계는 3차원(인간세계)뿐만 아니라, 2차원(동물세계), 1차원(식물, 무생물)세계까지 지배한다는 것을 알아야 한다. 따라서 우리는 성령의 충만을 받아 병든 자를 고쳐주고 마귀에게 사로잡힌 자들을 해방시켜주어야 한다.

사람들이 성경을 공부하지만 왜 좀처럼 변화되지 않

는 것일까? 그것은 성경을 머리로 외우고 있을 뿐 성령의 역사를 체험하지 못하기 때문이다. 한 번은 어떤 스님이 찾아와서 성경말씀을 줄줄 외는 것을 본 적이 있다. 그런데 그는 아직도 승복을 벗지 못하고 있다. 그 이유는 무엇일까? 성경말씀을 문자로 암송했을 뿐 성령으로 거듭나지 못했기 때문이다.

어느 날 그가 기도할 때에 다음과 같은 음성을 들었다.

"앞으로 성령사역을 하는 교회는 흥하고 지식 중심의 교회는 쇠퇴할 것이다."

사실 이런 말씀은 홍바울 목사만 듣는 것이 아니다. 지금은 성령시대이기 때문에 성령의 충만을 받지 않고서는 어느 누구도 주님의 일을 온전히 감당할 수 없다. 따라서 우리도 초대교회처럼 성령의 충만을 받는 일에 집중해야 한다.

임파테이션을 하라 | 김포공항 근처 교회

2005년 가을이었다. 그는 김포공항 근처 어느 산 중턱에 서 있는 교회의 수요예배에 참석했다. 물론 그가 그 교회에 간 것도 성령께서 인도하셨기 때문이다. 예배시간이 가까워지자 교인들이 하나둘 모여들었다. 외부계단을 통해 본당으로 들어가게 되는 교회인데 중간쯤에 다다랐을 때, 성령께서 그에게 "저 밑에 오는 두 여자에게 이 교회의 자랑거리가 무엇인지를 물어보아라"라고 말씀하셨다. 그래서 그는 그 자리에 멈춰서 그들이 계단을 오르는 것을 보며 말했다.

"이 교회의 자랑거리는 무엇인가요?"

그들이 위를 쳐다보았다. 그는 그들이 대답하기도 전에 다시 말했다.

"이 교회는 신유의 은사가 대단하네요."

그러자 그들이 깜짝 놀라면서 말했다.

"우리 담임 목사님께서 신유의 은사가 대단하세요."

그 말이 떨어지자마자 성령께서 그의 입을 통해서 다음과 같이 말씀하셨다.

"혼자만 신유의 은사를 사용하시면 안 돼요. 접목을 시켜야 합니다. 모든 성령의 은사는 복음을 전하라고 주신 것입니다. 혼자만 사용하시면 성령께서 거두어들이실 수도 있습니다."

그렇다. 모든 은사는 교회의 덕을 세우고 영혼 구원을 위하여 하나님께서 거저 베풀어주시는 은혜이기 때문에 특정한 사람만 사용해서는 안 된다. 성경은 예수께서도 제자들에게 능력을 나누어주셨음을 말씀하고 있다.

"예수께서 그의 열두 제자를 부르사 더러운 귀신을 쫓아내며 모든 병과 모든 약한 것을 고치는 권능을 주시니라 …… 병든 자를 고치며 죽은 자를 살리며 나병환자를 깨끗하게 하며 귀신을 쫓아내되 너희가 거저 받았으니 거저 주라"_마 10:1-8

예수께서는 제자들에게 귀신을 쫓아내고 병을 고치는 권능을 주셨을 뿐만 아니라, 제자들에게도 자신처럼 다른 사람들에게 나누어주라고 말씀하셨다. 성령의 은사를 받는 방법 중에는 하나님께서 직접 역사하셔서 받는 경우도 있지만 대부분은 담임목회자나 기타 은사 받은 자들의 기도를 통하여 받는다. 엘리사가 능력 있는 사역을 할 수 있었던 것은 그의 스승인 엘리야가 자신의 은사를 그에게 나누어 주었기 때문이다. 따라서 혼자서만 영적은사를 사용하지 말고 나눔을 통하여 다른 사람들과 공유하려는 자세를 가져야 한다. 이처럼 자신이 받은 은사를 한 몸 지체된 사람들에게 나누어주는 것을 '임파테이션 · impartation'이라고 부른다. 성경은 사도 바울이 로마교회에 가고 싶어 했던 이유 중의 하나가 '임파테이션'에 있었다고 말씀하고 있다.

"내가 너희 보기를 간절히 원하는 것은 어떤 신령한 은사를 너희에게 나누어 주어 너희를 견고하게 하려 함이니"
_롬 1:11

그러나 '임파테이션'이 온전히 이루어지기 위해서는 예수님처럼 영혼을 불쌍히 여기는 마음을 가져야 한다. 사도 바울이 로마교회 성도들을 만나 은사를 나누어 주고 싶었던 것은 그들을 긍휼히 여기는 마음이 간절했기 때문이다. 긍휼히 여기는 마음이 없이 임파테이션을 하는 것은 성령께서 기뻐하시는 것이 아님을 알아야 한다.

압구정에 있는 교회들에 대한 예언

그는 성령님의 인도하심을 따라 한 번도 가본 적이 없는 압구정으로 가는 전철을 탔다. 압구정역에서 내려 계단을 올라 평지에 닿은 계단에 이르렀다. 앞을 쭉 훑어보니 약 500m 전방에 있는 큰 교회가 눈에 들어왔다. 교회를 바라보는 즉시 주님의 음성이 그에게 들렸다.

"저 교회에 가서 기도하라."

여름철의 더운 날씨로 인해 땀을 많이 흘리며 주님께서 지시하신 교회로 발길을 향했다. 현관에 들어서자마자 정면에 예배실이 보였지만 문이 잠겨 있어 사무실을 찾아보았다. 그러나 눈에 띄지 않아 본당이라도 들어가려고 계단을 따라 2층으로 올라갔지만 본당 역시 문이 잠겨있었다. 허락을 받아야 기도를 할 수 있을 텐데 사람이라고는 구경조차 할 수 없었다. 옆을 보니 조그마한 부속실에 기도실이라는 표지가 문에 붙어있어 그곳으로 들어가서 기도를 하는데 바로 주님의 음성이 들렸다.

"내가 너를 이곳에 오게 한 것은 이 교회에 전할 말을 주기 위함이다. 압구정에 부자가 많이 사는 것을 알지 않느냐? 부자란 본인이 부자로 사는 것도 그 뜻이 있지만, 가난하고 불쌍하며 어려운 삶을 사는 자들을 먹이고 입히고 잠재우는 사명도 있다. 이 사명을 담당하는 것이 나의 뜻이다. 그런데 그 부자들 중에는 못된 부자들이 있다. 타 지역에 사는 사람들을 병신 취급하고 멸시 천대하는 못된 부자들이 있다. 이 교회는 그 부자들을 바로 세우고 기도하고 전도하여 복음을 받아들이게 하고 좋은 부자들이 되게 하는 사명이 있다. 그것을 이루지 못할 경우 그 못된 부자들을 내가 직접 징계하여 그들의 자손들이 타지역 사람들을 멸시하고 천대한 대가로 절뚝발이를 낳게 되고 병신을 낳게 될 것이다. 이 말을 그대로 써서 기도실의 강대상에 놓아 목사에게 전달되도록 하라."

그는 받은 말씀을 그대로 써서 강대상에 놓고 교회 문을 나섰다. 그런데 혹 그 일로 누군가가 쫓아와 멱살이라도 잡을지 모른다는 생각이 들어 급히 도로변을 향해 달음질했다. 성령께서 말씀하셨을 때에는 두려움 없이 그대로 순종했지만 일을 마치자 자신도 모르게 두려움이 생겼던 것이다.

　빠른 걸음으로 목적도 없이 앞을 향해 걷고 있는데 갑자기 뒤에서 누군가가 "아저씨, 아저씨"라고 부르는 소리가 들렸다. 그는 그 교회에 관계된 사람이 자기를 잡으러 오는 줄 알고 깜짝 놀라 뒤를 돌아보았다. 그러나 그 교회와는 관계없는 어떤 노인이 그에게 다가오면서 물었다.

　"이 근처에 소망교회가 어디에 있는지 아세요? 작년에 소망교회를 온 적이 있었는데 어디 있는지 찾을 수가 없네요."

　그 말을 듣자 오히려 그가 반문했다.

　"이 근방에 소망교회가 있나요?"

　20여 년 전, 그가 개척교회에서 신앙생활을 할 때에 소망교회 담임이었던 곽선희 목사가 그 교회에 와서 전도집회를 인도했던 기억은 나지만, 곽선희 목사가 목회하고 있는 소망교회가 어디에 있는지는 전혀 알지 못하고 있었다. 바로 그때였다. 어떤 젊은이가 길을 가다가 대화를 듣고서 소망교회로 가는 길을 가르쳐주었다. 그 노인과 헤어지려고 돌아서는 순간, 그에게 하나님의 음성이 들렸다.

"저 영감을 따라가라."

그는 소망교회에 가서 기도하라는 말씀으로 이해하고 노인의 뒤를 따라갔다. 먼 거리는 아니었지만 쉽게 찾을 수 있는 곳은 아니었다. 멀리에서 십자가 탑이 보였다. 가까이 가보니 멀리서 보였던 십자가 탑이 곧 소망교회의 십자가 탑이었다. 그의 첫 눈에 비친 건물과 교회 마당은 넓고 웅장했다. 관리실 안에 두 사람이 앉아있었다.

그가 기도하러 왔다고 하자 큰절을 하면서 다음과 같이 대답을 했다.

"이왕 기도하실 거면 본당에 가서 기도하시지요."

교회를 찾아가서 기도를 하겠다고 하면, 대부분 "저기에 가서 기도하시오.", "지하로 내려가서 기도하시오.", "복도에 앉아서 기도하시오.", "식당에 앉아서 기도하시오."라고 했다. 주님께서 허락하실 때에만 그가 자신의 신분을 밝혔기 때문에 찾아가는 교회들로부터 거지 취급을 당하기 일쑤였다. 어떤 경우에는 그의 마음속에서 분노가 치솟기도 했다.

그가 얻어먹으러 간 것이 아니라 주님께서 그 교회를

위해 기도해주라고 보내셔서 갔지만 그들은 알 리가 없었다. 일일이 하나님의 음성을 듣고 기도해주러 왔다고 말할 수도 없는 일이라 이곳저곳 찾아다니며 중보기도 사명을 감당하기란 결코 쉽지 않았다.

그런데 소망교회는 이전의 교회들과는 전혀 달랐다. 최고의 예의를 갖추어 그를 영접했다. 그가 지금까지 수없이 많은 교회를 다녔지만 이처럼 영접한 교회는 없었다. 그는 마음이 흐뭇했다. 그가 "본당이 어딘데요?"라고 하자 친절하게 본당으로 안내했다. 그가 본당 앞에 오자 문이 활짝 열려있었다. 과연 명성만큼 성전이 아름다웠다. 뒤편에 앉자마자 성령께서 머리끝에서 발끝까지 충만히 임하시면서 그에게 다음과 같이 말씀하셨다.

"이곳은 민족적인 사명이 있다. 세계적인 사명이 있다. 이곳을 위해 기도하라. 세계적인 사명이 있다. 이곳을 위해 기도하라. 세계선교를 위해 이곳의 부자를 붙여주겠다."

그는 기도를 마친 후에 복도에서 서성거렸다. 복도 한쪽에서는 권사님들이 성물을 닦고 있었다. 그들에게 다가가서 소망교회의 민족적 사명과 세계적 사명에 대하여 말해주었다. 그러자 그들은 이구동성으로 이렇게 대답했다.

"그래요, 맞아요. 우리도 그런 사명이 있는 것을 알고서 일을 많이 하고 있어요."

앞서 말한 압구정에 있는 교회의 사명은 지역적이지만, 소망교회는 민족적 사명과 세계적 사명이 있는 것을 알고서 그는 교회마다 사명이 다르다는 것을 깨달았다. 어떤 젊은이가 광림교회도 압구정에 있다고 말해주었지만, 주님께로부터 감동이나 허락이 없어서 그곳에는 가지 않았다.

대한민국을 봉헌하라 | 뚝섬 연합기도

그는 일반적으로 성령의 음성을 듣고 움직인다. 그는 "산에 가서 기도하라, 관청에 가서 기도하라, 학교에 가서 기도하라"는 주님의 음성이 들리면 어디든지 가서 기도한다.

그가 압구정에 있는 교회와 소망교회에 방문한지 약 4개월이 지난 어느 봄날이었다. 뚝섬에 있는 교회들을 몇 군데 들렀다 가려고 하던 중에 무심코 유원지 쪽으로 발걸음을 옮겼다. 100m 정도 떨어진 곳에서 한강을 바라보고 있었다. 그가 서 있던 곳은 한강의 원류와 지류가 만나는 지점 반대쪽이었다. 주님께서는 그가 그곳에 서 있었을 때에 말씀하셨다.

"이곳은 영적인 장소이다. 너희 나라는 영적인 모리아 산이다. 네 앞의 물을 보라. 너희 나라 5000년 역사 동안에 열조들이 저지른 죄가 크다. 한강은 그 죄 씻음의 역할을 하는 영적인 강이다. 네가 서 있는 그곳은 영적인 장소이다. 전국 교회와 모든 교단에 연락하여 이곳에 모여서 연합으로 너희 나라를 나에게 봉헌하라. 그 연락은 소망교회가 할 것이다. 소망교회가 주축이 되어서 봉헌예배를 드려라. 100일 기도를 한 다음 소망교회에 가서 당회장 목사에게 전달하라."

그곳에서 들려주신 말씀은 뜻밖이었다. 대부분은 새벽기도 시간에 음성을 듣는데 그 날은 새벽이 아닌 대낮에 들었다. 그는 100일 기도가 끝나던 6월 25일 월요일에 신학교 여학생 한 명과 더불어 소망교회를 찾아갔다.

담임목사님 면담을 요청하자 안내자는 이렇게 말했다.

"우리교회 성도들도 당회장과 면담하고 싶어도 만날 수 없습니다. 더군다나 타교인은 더욱 불가능합니다."

그가 매우 중요한 일로 만나러 왔다고 했지만 면담이 성사되지 못해 부목사를 통해 그 뜻을 전달하기 위해 부목사를 만났다. 그는 부목사에게 주님으로부터 뚝섬 어느 지점에 가서 소망교회가 주축이 되어 한국의 기독교 각 교단이 연합으로 우리나라를 봉헌하라는 명령을 받아 찾아왔다고 말하고 그 내용을 담임목사에게 꼭 전해달라고 부탁했다.

그러자 부목사는 단호히 거절하며 이렇게 말했다.

"저는 그런 기도 응답을 받은 적이 없으므로 그 말을 전해줄 수 없습니다."

그러자 그는 "공은 부목사님께 굴러 갔으니 알아서 하십시오"라고 말하고 사무실을 나왔다. 결국 대한민국을 봉헌하는 뚝섬 연합기도회는 성사되지 않았다.

성경은 하나님께서 말씀하신 것은 반드시 성취된다고 말씀하고 있다.

"이는 비와 눈이 하늘로부터 내려서 그리로 되돌아가지

아니하고 땅을 적셔서 소출이 나게 하며 싹이 나게 하여 파종하는 자에게는 종자를 주며 먹는 자에게는 양식을 줌과 같이 내 입에서 나가는 말도 이와 같이 헛되이 내게로 되돌아오지 아니하고 나의 기뻐하는 뜻을 이루며 내가 보낸 일에 형통함이니라"_사 55:10-11

따라서 그가 하나님께로부터 소망교회를 중심으로 뚝섬에서 대한민국을 봉헌하는 예배를 드리라는 것이 정말 하나님께로부터 온 음성이라면 그대로 성취되었어야 했다. 그런데 불발로 끝났다. 이런 현상을 우리는 어떻게 이해해야 할까?

절대적인 예언과 상대적인 예언

이명박 대통령이 2002년 서울시장에 당선되고 난 후, 서울시를 하나님께 봉헌하겠다고 말해 구설수에 오른 적이 있다. 어떻게 보면 이명박 시장이 서울시를 하나님께 봉헌하겠다고 말한 것은 믿음이 굉장히 좋은 것 같지만 그것은 실언에 불과하다. 왜냐하면 그는 개인이 아니고 공인이기 때문이다.

그가 믿는 사람들 앞에서 서울시를 하나님께 봉헌하겠다고 말하는 것은 전혀 문제가 되지 않는다. 그러나 서울시에는 기독교인만 있는 것이 아니라 비기독교인도 있기 때문에 그렇게 말한 것은 지혜롭지 못한 처사이다.

그러나 소망교회가 주축이 되어 여러 교회가 연합하여 뚝섬지역에서 대한민국을 봉헌하는 예배를 드리는 일은 비난 받을 일이 아니다. 왜냐하면 교회가 연합하여 하나님께 봉헌을 하는 것이기 때문이다. 교회마다 자기 교회만 생각하는데 기독교인들이 영적으로 의미 있는 장소에 함께 모여 하나님께 예배를 드리는 일은 오히려 가치 있고 의미 있는 일이다.

단지 그 예언을 전달해야 할 부목사의 입장에서는 그의 말이 황당무계하게 들렸을 것이다. 평소 알고 지냈으면 모르겠지만 생판 처음 보는 사람이 와서 하나님께서 소망교회를 중심으로 뚝섬에서 대한민국을 봉헌하는 예배를 드리라고 말씀하셨다며 그것을 담임목사에게 전하라고 했으니 말이다.

사실 하나님께서는 초라하게 보이는 한 노인이 한국

교회를 대표하는 교회에 가서 그 교회를 중심으로 대한민국을 봉헌하는 예배를 드리라고 하면 그들이 어떤 반응을 보일 것이라는 것은 이미 알고 계셨다. 그러함에도 불구하고 왜 하나님께서 그에게 그런 일을 명령하셨을까? 필자는 두 가지 측면에서 생각해 보았다.

첫째는, 홍바울 목사의 순종을 시험해 보시기 위한 것일 수도 있다. 마치 하나님께서 아브라함에게 100세에 낳은 아들을 바치라고 시험하셨듯이, 홍바울 목사가 하나님의 말씀에 얼마나 순종하는지를 시험해보셨다고 볼 수 있다.

둘째는, 예언의 성취를 위해서 우리가 협력해야 할 부분이 있음을 깨닫게 하기 위해서다. 예언사역을 부정적으로 생각하는 사람은 예언이 성취되지 않을 경우 그것을 빌미로 예언사역을 평가절하 한다. 그러나 예언에는 예언을 받는 사람의 반응과 상관없이 이루어지는 '절대적인 예언'이 있고, 예언을 받는 자가 순종해야만 성취되는 '상대적인 예언'이 있음을 알아야 한다. 그런데 이 예언은 상대적인 예언이지 절대적인 예언이 아니다. 즉 소망교회 측에서 이 예언에 순종하지 않았기 때문에 이루어지지 않은 것이지 그의 예언이 잘못된 것이 아니라는 것이다.

따라서 우리는 예언을 받는 것으로 만족하지 말고 그 예언이 성취되도록 자신이 해야 할 일을 해야 한다. 이는 마치 하나님의 약속을 이루기 위해 우리가 순종의 삶을 살아야 하는 것과 같은 것이다.

경기도를 봉헌하라 | 만남의 교회

그는 소망교회에 메시지를 전한 후 수원시 화서역 근처에 세워진 교회들을 방문하였다. 많이 걷다보니 다리가 아프고 지쳐서 근처 아파트 공원에서 쉬고 있었다. 그런데 성령님께서 어떤 지하 개척교회에 가서 주님의 메시지를 전하라는 감동을 주셨다.

"그 교회가 대표하여 경기도를 봉헌하라."

그는 의아하게 생각했지만 즉시 일어나서 그 교회로 가서 담임목사에게 메시지를 전했다. 그러나 그 목사는 별로 관심을 보이지 않았다. 그는 그 후 그 근처를 지나갈 때마다 그 목사를 생각하며 안타까워했다.

그 후 몇 년이 지났다. 화서역에서 하차하여 그 근처에 다른 교회가 있는지를 둘러보다가 '만남의교회' 간판이 눈에 들어와 즉시 그 교회를 향하여 발걸음을 재촉했다.

그는 그 교회의 목사를 만나서 경기도를 봉헌하라는 메시지를 전하면서 봉헌예배에 대한 특권을 하나님께서 그 교회로 옮기셨다고 전했다. 그러자 그 목사는 기뻐하면서 곧 시행할 것이라고 했다. 후에 그가 그 교회를 다시 방문하여 확인을 했는데 이미 경기도를 하나님께 봉헌하는 예배를 드렸다는 말을 전해 듣고서 뛸 듯이 기뻐했다. 반면에 소망교회가 대한민국을 봉헌하라는 말씀에 순종하지 않은 것을 안타까워하며 다음과 같이 말한다.

"하나님께서는 어찌하여 서울에 있는 소망교회에 대한민국 을 봉헌하는 예배를 드리라고 하셨고, 경기도 화서지구의 만남의교회에 경기도를 봉헌하는 예배를 드리라고 하셨을까? 서울의 봉헌장소는 한강변 뚝섬이다. 한강은 경기도와 서울을 관통하는 젖줄이고, 영적으로나 역사적으로 큰 의미가 있는 강이다. 한강을 안고 한국을 통치했던 역사의 주역들에게 곤고한 때가 있었던가? 한강변을 수도로 정하여 통치했던 역사의 주역들은 하나같이 융성했던 것을 역사는 증명하고 있다.

"서울과 경기도는 지금 이 시대의 지리, 정치, 문화 등 모든 영역의 중심지이다. 따라서 서울과 경기도가 바르게 서지 않으면 대한민국은 주님의 의도대로 행하지 않는 기구한 나라가 될 것이다. 주님께서는 대한민국의 중심부인 서울과 경기도를 각별히 사랑하신다. 왜냐하면 서울과 경기도가 교회들을 많이 세웠을 뿐만 아니라 기도의 중심지와 선교의 전초기지 역할을 했기 때문이다."

죽은 자들의 절규

어느 초여름 아침이었다. 그가 집에 있을 때에 주님께서 느닷없이 서울 중랑구 상봉동에 사는 여자 신학생 ○○○에게 밥을 사주라고 말씀하셨다. 그래서 그는 주님께 여쭈었다.

"아버지, 저는 가난하고 그 여자는 부자인데 저보고 왜 밥을 사주라고 하십니까?"

그랬더니 주님께서 다음과 같이 말씀하셨다.

"잔말 말고 가서 밥을 사줘라."

그래서 그는 그 여자 신학생에게 즉시 전화를 걸어 약속장소를 정하고 2만 원을 준비하여 상봉동으로 갔다. 그의 호주머니 사정을 잘 알았던 그녀는 다소 저렴한 보리밥집으로 그를 인도했다. 점심식사를 하면서 이야기하다보니 시간이 오후 2시 30분을 지나고 있었다. 그는 대화를 마무리하고 식당을 나와서 헤어져 각각 집으로 향했다. 전철역으로 가는 길에 문득 교회에 들러 기도를 해야겠다는 생각이 들어 십자가탑이 있는 곳을 찾기 위해 하늘을 쳐다보는 순간 주님의 음성이 들렸다.

"여기까지 왔으니 상봉시외버스터미널에 가서 기도하고, 망우리 공동묘지에 가서 기도하라!"

그는 즉시 반문을 했다.
"예? 망우리 공동묘지라니요? 공동묘지에서 기도를 하라고요?"
그러자 주님께서 다시 말씀하셨다.

"잔말 말고 공동묘지로 가서 그곳에 누워있는 사람들에게 그 이유를 물어보아라."

그는 주님의 명령에 순종하기로 마음을 먹고 상봉시외버스터미널로 향했다. 더위와 싸우며 겨우 도착하여 객실의자에 앉아서 주변을 살펴보니 상점과 표를 파는 창구가 그의 눈에 들어왔다. 그는 의자에 앉아서 기도했다.
"아버지, 저에게 어떤 말씀을 주시려고 이곳에 오게 하셨나요?"
주님께서 그에게 말씀하셨다.

"이곳 터미널은 시골문물과 서울문물이 왕래하는 문물교차의 중심지니라. 그런데 이곳이 복음화가 안 되었구나. 그렇기 때문에 터미널 주변에 있는 개척교회를 찾아가 이곳을 먼저 복음화하는 교회가 대형교회가 된다고 전하거라."

그는 말씀에 순종하여 터미널 밖으로 나가 주변에 있는 몇몇 개척교회에 들러 하나님의 뜻을 전달했다. 그가 방문한 첫 번째 교회는 망우리공동묘지 방향의 대로변에 위치한 지하 교회였다. 약 20명 정도가 앉으면 꽉 찰 것같이 작았다. 강단에 서 있던 목사와 그 옆에서 대화를 나누던 사모가 그를 힐끗 쳐다보더니 못 본체하고 계속 이야기를 나누었다.

그 목사는 매우 교만하게 보였고 온화한 모습은 조금도 찾아보기 힘들 정도로 차갑게 느껴졌다. 그가 늙고 병약한 사람처럼 보여서인지, 아니면 뭔가를 얻기 위해서 온 사람으로 보여서 그런지 아무튼 그 목사는 사모와 더불어 대화하느라 더 이상 눈길을 주지 않았다.

주님께서 홍바울 목사에게 말씀하셨다.

"너 밥 사주고 남은 돈 만 원 있지? 뒤를 돌아보아라. 헌금봉투가 헌금대 위에 있다. 봉투에 넣어서 강대상 위에 갖다 놓아라."

그가 말씀에 순종하여 만 원을 봉투에 넣고 강대상에 올려놓자 그때까지 거들떠보지도 않았던 목사가 갑자기 환한 얼굴로 그를 환대하면서 사모에게 말했다.

"여보, 커피 끓여!"

주님께서 그의 작은 헌금을 통하여 그 목사의 마음을 열게 하신 것이었다. 그는 커피를 마시면서 목사에게 상봉시외버스터미널 주변을 복음화하는 교회가 크게 성장하게 될 것이라는 주님의 메시지를 전했다. 그는 그곳에서 나와 다른 개척교회들을 방문하여 동일한 메시지를 전했다. 그리고는 망우리공동묘지로 향해 걷기 시작했다.

그러나 그가 생각했던 것보다 훨씬 거리가 멀었다. 질병이 완전히 회복된 상태가 아니었기 때문에 먼 거리를 걷는 것은 여간 힘든 일이 아니었다. 그러나 그는 불평하지 않고 주님의 명령이었기에 순종하는 마음으로 묵묵히 공동묘지를 향해 걸었다.

그가 망우리공동묘지에 도착하여 높은 곳을 바라보자 오는 길에 들었던 힘들다는 생각은 사라지고 하나님께서 주실 말씀에 대한 기대로 마음이 가벼워졌다. 공동묘지 관리실로부터 묘역을 양쪽에 두고 약간 고불고불한 길을 따라 올라가니 곧 직선으로 길게 뻗어있는 아스팔트 도로가 펼쳐졌다.

그가 주님께 여쭈었다.

"아버지, 무슨 말씀을 주시려고 하십니까?"

그는 멈추지 않고 계속해서 여쭈면서 방언으로 기도하며 올라가고 또 올라갔다. 골짝마다 능선마다 첩첩겹겹 묘가 빈틈없이 줄지어 있었다. 도로변에 있는 나무들은 관리를 해주지 않아서였는지 무질서하게 심겨져 있었고, 때론 썩은 나무들이 겨우 서 있는 모습은 공동묘지의 분위기를 더욱 스산하게 만들어 주었다.

그가 힘들게 정상에 오르자 어느 덧 해가 서산에 걸려있었다. 금방이라도 어두워질 것이라는 생각이 들자 무서움이 엄습해 왔다. 그는 즉시 하나님께 여쭈었다.

"아버지, 이곳까지 올라오면서 무슨 말씀을 주실는지 가르쳐달라고 기도했는데 아직 아무 말씀도 주시지 않으니 돌아가야겠습니다."

그리고는 그 길로 곧장 내려가기 시작했다. 늦은 시간에나 집에 도착할 거라는 생각이 들어 발길을 재촉했다. 몸이 피곤해서 그런지 길이 아주 멀게만 느껴졌다. 묘지의 중간쯤 내려오는데 갑자기 우레와 같은 군중들의 함성소리가 들려왔다.

"선생님! 우리는 이왕 이렇게 되었지만, 우리 후손들에게 제발 예수님 좀 믿으라고 해 주세요."

애원하며 울부짖는 소리였다. 그 소리가 어찌나 애절

하고 슬프던지, 그도 감정을 이기지 못하고 그들과 함께 울고 또 울었다. 망우리공동묘지로 출발하기 전, 그곳에 가서 어떤 기도를 어떻게 해야 할지를 물었을 때, 주님께서 왜 '그곳에 누워있는 사람들(죽은 자들)에게 물어보라'고 말씀하셨는지 그 이유를 알 수 있었다.

평소 성경을 통하여 지옥은 고통이 영원한 곳으로, 한 번 들어가면 다시 나올 수 없는 곳으로 알고 있었는데 죽은 자들의 애절하게 울부짖는 소리를 들으니 더욱 실감이 났다. 죽은 자들의 우레와 같은 애절한 호소를 뒤로한 채 안타까운 마음으로 울면서 어두워진 묘역을 빠져나와 집으로 향했다.

사람이 죽으면 어떻게 되는가?

여기서 부연해야 할 것은 사람이 죽으면 어떻게 되느냐는 것이다. 혹자는 신자가 죽으면 천국에 가고 비신자가 죽으면 귀신이 되어 이 세상을 떠돌아다닌다고 하는데 성경은 그렇게 말씀하고 있지 않다. 사람은 누구나 죄인이기 때문에 한 번은 죽어야 하고 그 후에는 반드시 심판을 받게 된다(히 9:27). 그러나 예수님을 믿고 구원 받은 사람의 영혼은 낙원으로 가고(눅 23:39-43) 구원 받지 못한 사람의 영혼은 지옥으로 간다.

따라서 죽은 후 고인에게 제사를 드리는 것은 아무런 의미가 없다. 즉 우리가 제사를 드려도 죽은 사람이 찾아와 음식을 먹거나 그 제사를 받을 수 없음을 알아야 한다. 왜냐하면 이미 천국이나 지옥에 들어가 그곳에서 영원히 나올 수 없기 때문이다. 성경은 비신자들이 드리는 제사에 대하여 이렇게 말씀하고 있다.

"무릇 이방인이 제사하는 것은 귀신에게 하는 것이요 하나님께 제사하는 것이 아니니 나는 너희가 귀신과 교제하는 자가 되기를 원하지 아니하노라 너희가 주의 잔과 귀신의 잔을 겸하여 마시지 못하고 주의 식탁과 귀신의 식탁에 겸하여 참여하지 못하리라 그러면 우리가 주를 노여워하시게 하겠느냐 우리가 주보다 강한 자냐"_고전 10:20-22

비신자들이 드리는 제사는 귀신에게 하는 것이지 그의 조상에게 드리는 것이 아니다. 귀신이 조상을 가장하여 제사를 받기 때문에 제사를 지성으로 지내는 귀신 숭배자들은 하나님의 저주를 받아 멸망에 이를 수밖에 없다.

우리의 제사를 받으실 분은 오직 예수 그리스도시다. 예수께서는 예정 가운데 이 세상에 오셔서 천국복음을 전파하셨고, 하나님의 뜻대로 사는 법을 가르치셨고, 병든 자를 고치시는 사역을 하셨다. 그리고 우리의 죄와 허물과 연약한 것을 친히 담당하시고 십자가에서 돌아가셨지만 썩지 않고 다시 살아나셨다. 부활하신 후에 많은 사람들이 보는 가운데 승천하시어 하나님 우편에 앉으셔서 천하를 다스리고 계신다. 또한 예수 그리스도는 만물의 주인으로서 최후의 심판주이시기에 그분만이 우리의 경배와 제사의 대상이시다. 이 세상의 그 어떤 것도 그 자리를 대신할 수 없다.

K교회에서는 기도하지 말라

어둠이 사방을 집어삼켰지만 자동차에서 비춰오는 불빛으로 인하여 인도를 걷는 데는 문제가 없었다. 한참 인도를 따라 걷는데 오른쪽에 산 같은 건물이 우뚝 서 있는 것이 보였다. 어둠속에서 자세히 보니 건물에

'K교회'라고 쓰여 있었다. 건물이 교회인 것을 알고 나니 기도하고 싶은 마음이 생겨 교회 안으로 발길을 옮기려고 하자 주님께서 급히 말씀하셨다.

"여기서는 기도하지 마라! 이 교회는 내 얼굴을 너무 깎아 놓았다. 나는 그 종을 싫어한다. 그가 이전에는 나의 이름을 높였으나 이제는 나의 명예를 더럽히고 있다."

그는 K교회가 신문과 방송에 대대적으로 보도되어 많은 이들이 알고 있기 때문에 더 이상 자세한 사항은 언급하지 않았다. 그러나 필자는 그 교회가 어느 교회이고 또 당시 그 교회의 담임목사가 누구인지를 알고 있고 있기 때문에 그 예언을 접하는 순간 갑자기 두렵고 떨리는 마음이 생겼다. 왜냐하면 혹 필자도 그렇게 크게 쓰임을 받다가 하나님께 버림을 받을 수 있다는 생각이 들었기 때문이다.

우리는 성경이나 일반 역사 가운데 하나님께 크게 쓰임을 받았지만 버림받은 경우를 수없이 보아왔다. 누구나 하나님께 쓰임을 받다가 버림받을 수 있음을 새삼 깨닫고 우리가 얻은 구원을 두렵고 떨리는 마음으로 이루어가야 한다.

세상을 살아가다 보면 혹 오해로 사람에게 배신을 당하거나 버림받을 수 있다. 그러나 그것은 일시적일 뿐만 아니라, 후에 라도 진실이 밝혀지면 얼마든지 회복될 수 있다. 그러나 하나님께서는 오해나 실수가 없으시다. 그분께서 우리를 버리시기로 결정하셨다면 그것으로 끝이다. 사도 바울도 이러한 사실을 알고 있었기 때문에 하나님께 버림을 받지 않기 위해 두렵고 떨리는 마음으로 자신을 쳐서 복종하였다고 고백하고 있다.

"내가 내 몸을 쳐 복종하게 함은 내가 남에게 전파한 후에 자신이 도리어 버림을 당할까 두려워함이로다"_고전 9:27

가난한 자들에게 하시는 말씀

그는 아내의 오랜 주벽과 자신이 얻은 난치병으로 인해 모든 재산을 날려버렸기 때문에 가난한 삶이 이어졌다. 그의 가난은 목에 걸린 가시처럼 그의 행동에 많은 제약을 주었다. 무엇보다 집안의 쪼들린 생활비, 교통비, 의식주의 문제가 그를 괴롭혔다. 또한 신학교에서의 식비와 학비에 대한 부담, 교회에 헌금을 많이 드리지 못하는데서 오는 중압감이 그를 계속해서 짓눌렀다.

그러나 그런 상황에서도 주님의 말씀에 순종하여 이곳저곳에 다니면서 복음을 전하였다. 주님께서 산으로 가라고 하시면 산으로, 들로 가라고 하시면 들로, 강으로 가라고 하시면 강으로, 교회로 가라고 하시면 교회로, 관청으로 가라고 하시면 관청으로, 기업체로 가라고 하시면 기업체로 갔다. 그리고 이런 말을 하라고 하시면 이런 말을 하고, 저런 말을 하라고 하시면 저런 말을 했다.

어느 날 주님께서 그에게 물으셨다.

"네가 부자가 되고 싶으냐?"

그가 대답했다.
"예, 그렇습니다."

"그러면 여호와 하나님을 최고로 높이고 자연을 사랑하라."

부자에 대해 하나님과 우리의 생각이 얼마나 다른지를 알 수 있다. 진정한 부자는 돈이 많은 자가 아니라 만물이 하나님의 것이라는 것을 인정하고 욕심을 버리고 살아가는 자다.

그는 이렇게 호소한다.

"부자의 원래 목적이 무엇인지를 깊이 깨닫고 구하라. 부를 누리는 동시에 어려운 이웃들을 먹이고 입히고 잠을 재워주는 것은 전능자의 요구라는 것을 알라."

D순복음교회를 흩으신 이유

2005년 6월, 어느 금요일 저녁이었다. 하나님께서 그에게 철야예배에 참석하라고 명령하셨다. 그러나 당시 그가 다녔던 교회는 지하철로 1시간 거리에 위치해 있었기 때문에 가까운 교회에 참석하라고 하셨다. 하나님께로부터 명령을 받았지만, 찾아가는 교회가 어떤 교회이며 어떤 교단 소속인지도 모르는 상태였다.

금요철야예배시간은 어느 교회나 비슷하므로 그 시간에 맞추어 찾아가보니 D순복음교회가 보였는데 외관으로 봐서는 건축한지 수십 년이 돼보였다. 교회 문턱에 이르니 지하로부터 찬송소리가 우렁차게 들렸다. 지하로 들어가니 굉장히 큰 예배실과 그곳에 가득 찬 성도들이 눈에 들어왔다.

그는 예배실 맨 뒤쪽에 있었으므로 거리가 멀어 강단에서 설교하는 목사의 얼굴을 식별할 수 없었다. 그러나 흰머리가 불빛에 반짝거리고 외모나 음성으로 미루어볼 때 은퇴에 가까운 목사라는 생각이 들었다.

그 목사가 설교를 끝내고 마무리 기도를 하는데 나라와 민족과 지역을 위한 기도는 드리지 않고 오직 그 교회의 목사들과 장로들과 교인들만을 위해서 기도를 하기에, 그는 속으로 '왜 나라와 지역과 민족의 통일에 대한 기도는 하지 않는 것일까?'라고 생각했다.

중보기도 시간이 되어서 불이 하나둘씩 꺼지기 시작했다. 곧 옆 사람의 얼굴을 식별할 수 없을 정도로 어두워졌다. 중보기도는 철야예배 시에 빠지지 않는 순서이기에 그도 중보기도에 동참했다. 그날따라 중보기도를 꽤 길게 했다. 기도를 마치려고 하는데 그에게 주님의 음성이 들려왔다.

"담임목사에게 전하라. 왜 민족과 나라를 위해 기도하지 않느냐? 그리고 이북에 쌀을 보내도록 하라!"

그는 그 말씀을 받고 자리에서 일어났다. 주위를 둘러보니 얼마 남지 않은 성도들이 띄엄띄엄 앉아서 기도하는 모습이 눈에 들어왔다. 중간 통로를 따라 강대상 쪽으로 걸어갔다. 그가 그곳으로 간 것은 그 목사가 기도하고 있는 줄로 생각했기 때문이다. 그러나 그곳에는 아무도 없었다. 그는 다소 섭섭한 마음으로 자신이 기도했던 자리에서 성경가방을 챙겨 나올 생각으로 그곳으로 되돌아갔다.

그런데 그가 기도했던 자리 옆에는 여전히 남자 성도 두 명이 열심히 기도하고 있었다. 혹 그들이 그 교회의 중직자일지도 모른다는 생각이 들어 기도를 마칠 때까지 기다렸다가 주님께서 주신 말씀을 그대로 담임목사에게 전해달라고 부탁하고 나왔다.

그 후, 약 1개월이 지난 어느 금요일 밤에 주님의 음성이 또 들렸다.

"네가 전에 갔던 그 교회의 철야예배에 참석하여라."

혹시 다른 말씀을 주시기 위함일까? 아니면 단지 철야예배를 드리라는 것일까? 정확히 알 수 없었지만 그는 주님의 명령에 순종하여 그 교회에 다시 갔다. 예배실로 들어가 보니 이번에는 부목사가 예배를 인도하고 있었다. 예배가 끝나고 순서에 따라 중보기도 시간이 되어서 기도를 했다.

이번에도 1개월 전에 주신 말씀과 동일한 말씀을 주시면서 부드러운 음성으로 부목사에게 전하라고 하셨다. 그래서 지난번처럼 설교 후 중보기도 하는 시간에 강단 앞으로 가서 강대상 뒤를 살폈으나 아무도 없었다.

그는 기도하던 중 똑같은 말씀을 반복해서 주시는 것은 예사로운 일이 아니기 때문에 그곳에 다시 가서 주님의 뜻을 확인해야겠다고 생각하여 이튿날 아침 전날 기도를 드렸던 장소로 갔다. 그러나 예배당이 캄캄해서 기도하던 의자를 더듬더듬 찾아서 앉아야만 했다. 그가 자리에 앉자마자 주님의 음성이 부드럽게 들렸다.

"나라와 민족을 위해 기도하라. 이북에 쌀을 보내라."

그는 하나님께서 똑같은 말씀을 1개월 전과 하루 전

과 그날 아침에 연속으로 주신 것에는 특별한 뜻이 있기 때문이라는 생각에 더 이상 지체할 수 없었다. 그래서 그 말씀을 교역자들에게 전하려고 지하에서 1층 복도로 올라가면서 사무실을 찾기 위해 두리번거리는데 마침 2층으로 올라가고 있던 30대 여성을 발견하게 되었다. 그는 그녀를 향하여 말했다.

"말씀 좀 물읍시다."

그러자 그녀가 뒤돌아보면서 이렇게 물었다.

"등록하시겠어요?"

"아닙니다. 할 말이 있어서요!"

그러자 그녀는 계단을 몇 개 내려왔다. 그가 그녀에게 직함이 무엇이냐고 묻자 그녀는 그 교회의 전도사라고 했다. 그 순간 반가운 마음이 들었다. 전도사쯤 되면 주님의 종의 반열이요, 신학을 공부했으니 책임감이 일반성도와 다를 것이라고 판단했기 때문이었다.

"주님께서 두 가지의 명령을 이 교회에 여러 번 주셨는데 담임목사님께 주신 메시지니 꼭 전해주세요!"

그녀는 그렇게 할 것이라고 약속했다. 그래서 그는 하나님께서 주신 말씀을 그녀에게 말해주었고, 그녀가 반드시 담임목사에게 그 말씀을 전해줄 것이라고 믿었기에 아무 걱정 없이 그곳을 나왔다.

  약 6개월쯤 지나서였다. 그는 그 교회의 새벽예배에 또 참석하라는 주님의 음성을 들었다. 이번에는 또 무슨 말씀을 주실까 하는 기대를 갖고 새벽예배에 참석했다. 그런데 이번에는 굉장히 노하시는 음성으로 주님께서 말씀하셨다.

"이놈들, 말 안 들으니 흩어버리겠다."

  여러 차례 나라와 민족을 위해 기도할 것과 이북에 쌀을 보낼 것을 말씀하셨는데 그들이 불순종하자 흩어버리겠다고 말씀하신 것이다. 그는 놀라서 어찌 할꼬 하며 주변을 살펴보았다. 그가 앉은 의자 다른 편 끝의 두세 번째의 의자에 앉아 기도하던 여자 성도들의 모습이 눈에 들어왔다. 그들 중 하나는 방언으로 기도하고 있었는데 40대 후반쯤으로 보였다. 그가 그 쪽을 쳐다보자 그들도 그를 바라보았다. 그 순간 영적으로 뭔가 통한다는 생각이 들어 그들에게 다가갔다. 긴 의자였으므로 그들의 옆 자리에 앉으면서 말했다.

  "어, 사명자네!"

그러자 방언으로 기도하던 성도가 깜짝 놀라면서 말했다.

"어떻게 아시지요?"

"성령께서 지금 말씀하시네요."

그는 그녀가 영적으로 빨려 드는 것을 느낄 수 있었다. 마음이 열린 그녀에게 주님께서 6개월 동안 네 번이나 말씀하신 것을 말해주었다. 그리고 이번에는 주님께서 추상같이 노하시면서 "말 안 들으면 흩어버리겠다"라고 말씀하신 것도 전했다.

그러자 그녀는 자신의 이야기를 솔직하게 말했다.

"사실은 제가 장사를 하고 있어요. 이제 그만 두고 신학을 하기로 결심했습니다. 제가 책임지고 목사님께 전하겠습니다."

그는 그녀의 대답을 듣고서 이런저런 대화를 나누면서 드디어 전달할 사람을 만났구나하는 생각을 하고 안심하며 집으로 돌아왔다.

2006년 2월경, 까마득하게 잊고 지내던 중 평소 그가 잘 아는 자로서 D순복음교회에 다니는 어떤 남자성도를 불러 그 교회의 근황을 물었다. 그 성도는 그의 묻는 질문에 곧바로 이렇게 대답했다.

"우리 교회 큰일 났어요. 장로파하고 목사파하고 비리문제로 머리 터지게 싸워요."

그 후로 그 교회는 두 파로 갈라져서 같은 교회에서 따로 예배를 드렸다. 즉 한쪽은 2층 본당에서 그리고 다른 한쪽은 지하기도실에서 예배를 드렸다. 한 건물 안에 두 교회와 두 담임목사가 시무하는 이상한 교회가 된 것이다. 외적으로나 내적으로나 아름답지 못한 모습을 보인 것이다. 두 파로 갈라져서 망신을 당한 후, 1년 가까이 지나서야 두 교회가 합의하여 한 교회만 남고, 다른 교회는 교회 밖으로 옮겼다.

그는 D교회의 분규사건이 있은 후 주님께 여쭈었다.

"제가 알기로 그 교회는 약 2,000명이나 되는 큰 교회인데 그중 아무에게나 말씀하시면 될 텐데 그 교회의 성도가 아닌 저에게 말씀하신 이유와 여러 사람을 통해서 말씀하신 이유는 무엇입니까?"

이에 주님께서 다음과 같이 대답하셨다.

"여러 사람을 통해 말한 것은 영의 말을 들을 자가 얼마나 되는지를 알아보기 위함이고, 또 명령에 순복하면 축복이 내려오는데 그 축복을 공유할 수 있는 사람이 몇이나 되는지를 알아보기 위함이다. 그리고 너에게 말한 것은 네가 전권대사로 선지자의 사명을 받았으며 네 사명이 민족적 사명과 세계적 사명이 있기 때문이다. 그들에게 민족적 사명을 주기 위해 너를 통해 말한 것이다."

방언을 하지 않는 교회

어느 새벽에 주님께서 그를 깨우시더니 일어나 밖으로 나가라고 하셨다. 그는 말씀에 순종하여 일어나서 큰길로 나갔다. 길을 건너라고 하셔서 길을 건넜다. 새벽이었으므로 길에는 행보하는 사람이 거의 없었고 자동차들만 분주하게 달리고 있었다. 한참동안 길을 따라 걷자 약 50m 전방에 교회가 보였다. 주님께서 그 교회에 가서 기도하라고 하시면서 그 교회는 방언을 하지 않는다고 가르쳐주셨다.

뜻밖의 말씀이었다. 그는 그 교회에 가보면 알 수 있을 것이라는 생각으로 예배실로 들어갔다. 들어서자 예배가 시작되었다. 뜰에 대형버스들이 있는 것으로 보아 꽤 큰 교회인 것이 확실했다. 그러나 새벽예배에 참여하는 성도의 수는 규모에 비해 아주 적었다. 어떤 전도사가 예배를 인도하고 있었다. 어느 교회나 새벽예배 후 개인기도를 하기 때문에 그 시간에 기도를 들어보면 방언기도를 하는 교회인지 하지 않는 교회인지를 알 수 있었다.

   그는 설교를 마치고 기도하는 시간에 방언기도 소리를 듣기 위하여 한참동안 귀를 기울였다. 그러나 방언기도를 하는 사람은 단 한 사람도 없었다. 심지어 소리 내어 기도하는 사람조차도 없었다.

   기도하던 중 주님께서 다시 그에게 말씀하셨다.

"이 교회는 내가 기뻐하는 교회가 아니다."

   기도를 끝내고 눈을 뜨는데 마침 누군가가 전등을 켜서 예배당 안이 환해졌다. 눈을 들어보니 가까운 곳에 중직자로 보이는 연세가 많은 남자가 있었다. 그는 그 남자에게 면담을 요하면서 밖으로 나가 이야기하자고 말했다. 그는 밖에 나가자마자 입을 열었다.

   "주님께서 저에게 말씀해주셨는데요. 이 교회는 방언기도를 하지 않는다고 하던데 그게 정말입니까?"

그러자 그 남자는 매우 당당하게 대답했다.

"우리교회는 방언을 못하게 합니다."

그러자 그는 물었다.

"성경에서도 방언을 하라고 권하고 있는데 왜 못하게 하나요?"

그러자 그 남자는 성경적인 지식이 없어서 그런지 답변을 제대로 하지 못하면서 단지 방언을 해서는 안 된다고 하며 금요철야기도회도 하지 않는다고 덧붙여 말했다.

그래서 그는 다음과 같이 말했다.

"방언은 성령의 은사중의 하나입니다. 따라서 방언을 못하게 하는 것은 성령께서 하시는 일을 제한하는 것입니다. 교회는 방언을 하도록 권장해야 합니다."

그러나 그 남자는 그의 말에 수긍하지 않고 계속 고집만 부렸다. 그래서 답답한 마음으로 그냥 교회에서 나오려고 하는데 교회 한쪽에 조그마한 방 하나가 보였다. 그는 그게 무슨 용도로 사용되는 방인지 궁금하여 문을 열어 보았다. 그곳에는 50-60대로 보이는 10여 명의 여자들이 잡담을 하고 있었다. 마침 잘 되었다고 생각해서 그들에게 물었다.

"이 교회는 방언을 합니까, 안 합니까?"

그러자 그들이 대답했다.

"우리는 방언을 안 합니다."

그는 그 대답을 듣고서 더 이상 왈가왈부하지 않고 집으로 향했다.

그는 집으로 오는 길에 주님께서 왜 그에게 방언을 하지 않는 교회가 있다고 하시면서 그곳으로 인도하셔서 현장을 보게 하셨는지 그 이유를 알고 싶었다. 그래서 주님께 그 이유를 여쭈었다. 그러자 그의 마음에 이런 생각이 들었다.

'그것은 말씀만 중시하고 성령의 은사에 대하여는 무관심한 교회가 많다는 것을 알게 하시기 위해서다.'

예수께서는 공생애 동안 세 가지 사역, 즉 하나님의 말씀을 가르치시고, 복음을 전파하시고, 병든 자와 귀신 들린 자를 고쳐주셨다. 그런데 예수께서 이 세 가지 사역을 무엇으로 하셨을까? 성령으로 하셨다. 그래서 예수께서 사역을 하시는 곳에는 놀라운 능력이 나타났다. 그런데도 불구하고 많은 목회자들이 말씀만 강조하고 예수께서 성령의 능력으로 행하신 복음전도와 치유 사역에는 별로 관심을 두지 않는다. 이는 예수 그리스도를 따르는 자의 바른 자세가 아니다.

　우리는 예수님처럼 다른 사람의 죄를 대신하여 대신 십자가에 못 박혀 죽을 수는 없어도 예수께서 공생애 동안 우리에게 보여주신 삶과 신앙과 사역을 본받기 위해서 노력해야 한다. 특별히 예수께서 승천하시면서 마지막으로 제자들에게 명령하신 대로 성령의 능력으로 복음을 증거하는 삶을 살아야 한다.

　"오직 성령이 너희에게 임하시면 너희가 권능을 받고 예루살렘과 온 유대와 사마리아와 땅 끝까지 이르러 내 증인이 되리라 하시니라"_행 1:8

　그는 교회에서 기도를 마친 후 자신이 앉았던 자리 바로 옆에 조그마한 팸플릿 하나가 있는 것을 발견했다. 그 팸플릿에는 담임목사의 프로필이 적혀있었다. 그런데 놀랍게도 담임목사는 극동방송국 5분설교자로 사역하고 있었다. 다른 사람도 아닌, 복음을 전하는 극동방송의 설교자가 성령의 은사를 부인하고 있다는 것은 참으로 안타까운 현실이 아닐 수 없다.

충북 제천의 교회들을 향한 예언

그는 어느 날 충북 제천으로 가라는 주님의 음성을 듣고 그곳으로 향했다. 푸르른 산과 들, 이따금 나타나는 마을들을 바라보며 굽이굽이길 아스팔트 차도를 달려 제천 종착역에 이르렀다. 버스에서 내렸을 때는 이미 날이 어두워지기 시작했다. 그는 주위를 둘러보며 십자가를 찾았다. 처음 오는 곳, 아는 이가 하나도 없는 곳이기에 그에게는 유일하게 반겨주는 십자가가 가장 큰 위안이 되었다.

그가 처음 찾아 간 교회에는 아무도 없었다. 그래서 또 다른 교회를 찾아 나섰다. 다행히 그 교회는 문이 열려 있었다. 마침 젊은 여자가 교회에서 나오길래 기도하러 왔다고 말하고 잠시 기도를 드렸다. 그러자 주님께서 그 교회에 대해 예언의 말씀을 주셨다. 더불어 제천시 모든 교회들의 공통된 사명에 대한 말씀을 주셨다. 그는 그녀에게 간략하게 자기의 신분을 밝히고 주님께서 자신을 보내셔서 그곳까지 왔다고 설명했다. 그러자 그녀는 자신을 사모라고 소개했다.

그 날 저녁예배에 참석한 사람은 홍바울 목사와 담임

목사와 사모 그리고 피아노를 반주하던 아가씨와 청년, 노년의 남자가 전부였다. 예배가 끝난 후, 그는 속으로 어디에서 길고 긴 밤을 지내야 할지를 걱정했다. 왜냐하면 사모의 얼굴을 보니 아무래도 교회에서 밤을 지낼 수 있도록 허락할 것 같지 않았기 때문이었다. 그가 손에 쥔 돈은 10만 원 정도 밖에 없었다. 여관을 이용하면 편했겠지만, 숙박비로 돈을 지불하고 나면 집으로 돌아갈 차비와 식사할 돈이 부족할거라는 생각에 마구 쓸 수도 없었다.

그렇게 생각하고 있을 때였다. 성령께서 그의 입을 여셔서 그가 제천에 온 이유를 그들에게 말하게 하셨다. 성령께서 그의 입을 사용하셔서 제천을 향해 말씀하신 내용은 이렇다.

"제천의 모든 교회에 주신 공통의 사명은 한국인들의 사분오열된 마음을 제천의 모든 교회가 통회하며 하나 되기를 위해서 기도하라고 하십니다."

또한 담임목사의 영적상태와 은사에 대해서 그리고 은혜가 될 만한 몇 가지를 더 말해주었다. 그러자 그 교회 사모는 큰 민족적 사명보다는 자기 교회에 주신 말씀에만 관심을 보였다. 비단 그 교회의 사모만 그런 것이 아니다. 대다수의 교회가 이런 마음을 갖고 있다. 그가 순회했던 교회들이 거의 다 이런 마음을 갖고 있다는 것이 그에게는 큰 아픔으로 다가왔다.

그의 이야기를 듣던 사모가 감동을 받은 모양이었다.

"커피 드릴까요? 저녁을 드실까요?"

그녀는 진심으로 대접을 하려고 했다.

"주시면 좋지요. 많이 먹지 않으니 조금만 주세요."

시간이 지나자 밥상다리가 휠 정도로 진수성찬을 베풀어주었다. 그는 감사한 마음으로 식사를 하면서 간증거리 몇 개를 들려주며 담임목사에게 대한 예언의 말씀을 전해주었다.

"목사님의 은사가 대단합니다. 영음을 들려주신대요. 권능을 주신대요."

담임목사는 하나님께서 이미 주신 것을 알고는 있다고 하였지만 실제로는 확신이 없어 보였다.

"믿으세요."

그러자 사모가 대신 대답했다.

"아멘!"

그는 주님께서 가라고 하시는 지역에 있는 교회들을 방문하여 그들이 받은 사명을 말해주면 자신들도 그런 사명을 받았다는 것을 알고 있기는 했지만 확신하는 모습은 쉽게 발견할 수 없었다. 하나님께는 이런 현실을 아시고 그를 보내셔서 그들의 믿음을 굳게 세워 주신다는 것을 깨달았다.

그 사모는 이미 신학을 해서 전도사가 됐음에도 불구하고 여전히 사모로 불리고 있다고 말했다. 그래서 그는 그녀가 사모로 불리지 말아야 할 이유를 가르쳐주었다.

"전도사는 주의 종의 반열이지만 사모는 목사님의 분신일 뿐입니다. 다음부터는 전도사 칭호를 사용하세요."

그들은 저녁식사를 하면서 그가 간증한 것들로 인해 큰 은혜를 받았다. 어느덧 밤이 깊어가고 있어 더 이상 사택에 머무를 수가 없을 것 같아 가봐야겠다고 말하자, 그들은 걱정스러운 표정을 지으면서 물었다.

"어디로 가시겠습니까?"

"하나님이 인도하시는 대로 가야죠."

그렇게 말하고 나가려고 일어서는데 생각지도 않은 봉투 하나를 내놓으면서 말했다.

"큰 교회는 기도실이 따뜻하니까 큰 교회로 가시는 것이 좋을 것 같습니다."

그는 그 사모의 말을 따르기로 하고, 밤을 지새울 큰

교회를 찾아 나섰다. 밤이 많이 깊었다. 그는 대로에 연한 인도를 따라 큰 교회를 찾아 들어갔다. 어느 권사의 안내를 받아 기도실로 들어갔다. 몇몇 여자 성도들이 큰 기도실에 띄엄띄엄 앉아 있었다.

그곳에서 기도하고 싶은 마음이 들어 잠시 기도하고 있는데 갑자기 웅성거리는 소리가 들렸다. 그 교회는 남자 성도들이 사용하는 기도실과 여자 성도들이 사용하는 기도실이 따로 있는데, 그가 여자 기도실에서 기도를 하고 있다고 수군대고 있었던 것이다.

그는 자신으로 인하여 교회에 잡음이 일어나는 것을 원치 않아 기도실에서 나왔다. 그러자 마흔이 갓 넘어 보이는 남자 성도 한 분이 따라 나와서 타교단의 교회에 가면 기도실이 있다고 하며 그 교회의 정문 앞까지 안내를 해주고 떠났다. 그는 본당으로 보이는 예배실로 들어갔다. 여자들이 불을 끄고 띄엄띄엄 앉아서 기도하고 있었다.

그도 자리를 잡고 앉아서 기도했다. 기도를 하던 중 잠깐 잠이 들었다. 추위를 느껴 일어나보니 아무도 없었다. 너무 추웠던지 오한이 들어 더 이상 있지 못하고 밖으로 나와 어디로 갈까하다가 사우나와 찜질방이 있는 곳을 찾아 들어가서 수면실로 가서 잠을 청했다. 하지만 이를 심하게 가는 사람이 있어서 잠을 편하게 자지 못했다. 아침에 일어나 목욕 후 아침식사를 하고 나서 교회들을 순회하기 시작했다. 여러 교회들을 방문하면서 왜 하나님께서 자신을 제천에 보내셨는지를 설명하며 하나님께서 제천시의 교회들에게 주시는 말씀을 전달했다.

길거리 즉석 부흥회

점심때가 되어 식사를 하기 위해 식당에 가려고 하다가 포기하고 기차역을 향해 가면서 몇몇 교회들을 더 방문하기로 결심했다. 기차역이 너무 멀었지만 마음에 정한 대로 기도하며 걸어갔다. 기차역으로 걸어가고 있던 중에 찬송을 부르면서 엿을 파는 여자집사를 보게 되었다. 그는 가까이 가서 칭찬을 하며 자신이 제천에 온 이유와 제천의 교회들이 가지고 있는 공통의 기도사명과 그의 간증을 말하자 기분이 좋아 어쩔 줄 몰라 했다.

그녀는 그의 간증을 듣고 성령이 충만하여 하나님께서 역사해주신 일들을 큰 소리로 말했다. 마침 그녀가 있는 곳은 시내버스 정류장이라 버스를 기다리던 사람들이 버스를 타지 않고 그의 간증을 들으려고 하나둘씩 모여들었다. 그야말로 즉석 부흥회, 길거리 부흥회가 된 셈이다. 하나님께 영광 돌리는 집회가 된 것은 두말할 필요가 없다.

기차역을 향해 걸어가는데 인도에 어느 남자노인이 서 있었다. 부동산중개소 앞에 서 있었던 것으로 보아 부동산 중개업을 하는 사람같이 보였다. 가까이 다가가서 전도를 했다. 그러나 그는 죽음 후의 문제는 전혀 생각하지 않았다. 복음을 받아들이지 않았다. 그는 그제야 죽음의 문제를 심각하게 생각하는 자들만이 복음을 받아들인다는 것을 깨달았다. 그래서 예수께서도 다음과 같이 말씀하신 것이다.

"예수께서 대답하여 이르시되 건강한 자에게는 의사가 쓸 데 없고 병든 자에게라야 쓸 데 있나니 내가 의인을 부르러 온 것이 아니요 죄인을 불러 회개시키러 왔노라"_눅 5:31-32

필자도 그와 같은 사실을 전도 중에 체험한 적이 있

었다. 젊은 시절 잠실에서 목회를 할 때였다. 대학생들과 함께 신천역 부근에서 토요일 노방전도를 하고 있었다. 여느 때와 같이 "모든 사람은 죄인입니다. 죄로 말미암아 모든 사람은 죽어야 하고 죽은 다음에는 심판을 받아 지옥에 던져지게 됩니다"라고 외치고 있는데, 50대 중반으로 보이는 남자 한 분이 필자 앞으로 다가오더니 "야! ○○야! 내가 왜 죄인이냐! 내가 죄를 짓는 것을 보았냐?"라며 욕을 퍼붓는 것이었다.

처음에는 몹시 당황했지만 잠시 후 나의 전도방법에 문제가 있음을 깨달았다. 우리가 아무리 예수께서 우리의 죄를 위하여 십자가를 지시고 사흘 만에 부활하셨다고 외쳐도 그 말을 기쁘게 받아들이는 사람은 자신이 얼마나 큰 죄인인지를 깨닫고 그 죄를 해결하기 위해 몸부림을 쳤던 사람이다.

대부분의 사람들이 예수님을 영접하는 과정에서 이처럼 죄의 심각성을 깨닫고 자신의 죄를 해결 받았다는 감격과 기쁨을 맛보지 못하고 신앙생활을 하기 때문에 예수님 한 분으로 만족하지 못하고 세상 사람들과 똑같은 가치관으로 살아가고 있는 것이다.

교회의 문을 항상 열어야

그는 인천 간석역에서 내려서 십자가가 보이는 교회들을 방문하기로 마음먹고 걸었다. 그러나 찾아간 교회들마다 문이 잠겨 있어서 들어갈 수가 없었다. 혹 경제적으로 힘들어 직장을 찾아 나선 주의 종들도 있을 것이라고 생각하니 마음이 아팠다. 들리는 말에 의하면 택시기사나 잡일로 생계를 유지하는 목회자들이 이루 헤아릴 수 없을 정도로 많다고 한다.

수족이 냉하여 겨울용 가죽 장갑을 끼었지만 소맷자락에 스며든 차디찬 찬기는 그의 온몸을 얼어붙게 만든다. 게다가 배고픔은 점점 더해갔다. 그러나 십자가탑이 보이는 교회를 찾아 걷고 또 걸었다. 새로 건축한 것처럼 보이는 어떤 5층 빌딩을 보니 맨 위층에 교회가 있었다. 그 교회에서 기도하고 싶은 마음이 들어 건물 안으로 들어가 엘리베이터를 타고 5층으로 올라갔다. 그런데 역시 그 교회도 잠겨 있었다.

규모가 있는 교회들은 거의 교회의 문이 열려 있었지만 개척교회들은 대부분 닫혀 있었다. 찾아가는 교회들마다 문 앞에는 '만민이 기도하는 집'이라고 적혀 있지만 실제로는 들어가서 기도할 수 없었다.

    교회는 항상 열어 놓아 누구든지 지나가다가 기도할 수 있어야 한다. 물론 여러 차례 도둑을 맞은 경험이 있는 교회들은 이런 주장에 반기를 들 것이다. 그러나 교회는 도둑을 맞는 것만 생각하면 안 된다. 때로는 주님이 보내시는 사자도 있을 수 있고, 생각지 않은 사람이 찾아와 구원을 받을 수도 있다는 것을 알아야 한다.

    그는 교회들을 방문할 때마다 주님께서 그에게 주신 사명에 대한 간증이나 전국 순회기도를 통해 주시는 말씀, 즉 교회의 문제를 포함하여 교회와 지역, 사회, 민족, 국가, 거기에 포함된 모든 자연환경 등에 대한 주님의 메시지를 들려준다. 그러면 많은 교회들이 듣고 깜짝 놀라며 평생 듣지도, 생각지도 못했던 메시지라고 고백하며 다시 방문해달라고 말하면서 때로는 식사비나 차비를 챙겨주고 직접 식사대접을 하는 예도 적지 않았다.

    그가 주님께 이렇게 고백했다.

    "너무 가난하여 머리 둘 곳조차 없어서 가슴이 아픕니다."

    그랬더니 주님께서 이렇게 말씀하셨다.

"네가 부자가 되는 방법은 복음을 위해 몸을 바치는 것이다. 영적으로 부요케 하면 그 보상이 물질로 오느니라."

교회도 마찬가지이다. 기도와 말씀과 전도하는 일에 관심을 갖고 집중하는 교회는 하나님께서 부요하게 하신다는 것을 알아야 한다.

"성전의 일을 하는 이들은 성전에서 나는 것을 먹으며 제단에서 섬기는 이들은 제단과 함께 나누는 것을 너희가 알지 못하느냐 이와 같이 주께서도 복음 전하는 자들이 복음으로 말미암아 살리라 명하셨느니라"_고전 9:13-14

예일교회에서의 예언

주님께서 그에게 간석지역의 교회들을 향하여 공통의 말씀을 주셨기 때문에 이튿날도 간석역에서 내려 전날의 반대편으로 걸어갔다. 규모가 꽤 큰 예일교회에 도착하여 본당에 들어갔다. 주님께서는 그곳에서도 전날과 동일한 메시지를 주셔서 그 내용을 종이에 적어놓고 나왔다. 그가 전달한 내용은 다음과 같다.

"이곳 간석지역 교회들은 인천을 지키는 영적 전초기지로서 인천의 영적싸움의 보루인바, 이 지역 우상세력들을 기도로 물리칠 것은 물론, 더 나아가 중국의 많은 우상들이 한국으로 들어와서 합세하려는 것을 물리치는 기도를 해야 한다."

이어서 주님께서 말씀하셨다.

"영적싸움은 기도로써 예수의 이름으로 하는 것이지 세상적인 방법, 즉 물리적으로 사람들을 배척하거나 미워하는 것이 아니다."

사도 바울도 에베소교회에 보낸 편지에서 우리의 싸움이 어떤 것인지를 가르쳐 주고 있다.

"우리의 씨름은 혈과 육을 상대하는 것이 아니요 통치자들과 권세들과 이 어둠의 세상 주관자들과 하늘에 있는 악의 영들을 상대함이라"_엡 6:12

우리의 싸움은 육체의 힘으로 하는 것이 아니라 성령의 능력으로 하는 것이다. 즉 성령충만하지 않으면 영적전쟁에서 이길 수 없다. 그러나 항상 성령충만을 유지하는 것이 말처럼 쉬운 것이 아니다. 그래서 우리는 날마다 영적상태를 점검하고 성령충만할 수 있도록 노력해야 한다.

그도 영적전쟁에서 승리하기 위해 자신의 영적상태를 수시로 점검한다. 특별히 주님의 음성을 들을 때는 성령충만한 상태를 유지하고 다음과 같은 질문을 한다.

"이 말씀이 마귀의 말인가요? 아니면 주님의 말씀인가요?"

그때에 주님께서 "내 말이니라"라고 말씀하시면 그 음성이 주님의 음성인 줄 알고 담대히 선포한다.

방언으로 기도하라

방언기도는 영으로 비밀을 하나님께 말하는 것이다(고전 14:2). 성경은 우리가 영으로 기도하고 마음으로 기도하며, 영으로 찬미하고 마음으로 찬미할 수 있다고 말씀하고 있다(고전 14:15).

그가 방언으로 기도하던 중에 특별히 주님께서 음성을 들려주셨다.

"네가 몸이 아프거나 힘이 없을 때 방언을 하라."

그는 건강이 안 좋아 근력이 저하되거나 갑자기 몸이 아플 때는 예외 없이 방언으로 기도한다. 그렇게 하면 자신도 모르는 사이에 아픈 몸이 회복되는 것을 체험한다. 그는 걷는 중에도 방언으로 소리 내어 기도하기도 하고 속으로 하기도 한다. 그리하면 그의 영이 성령으로 충만해짐을 느낀다.

필자는 특별히 방언기도에 대해 할 말이 참 많다. 서문에서 밝혔듯이 필자는 예수님을 영접하기 전에 사흘 동안 금식을 하였기 때문에 거듭나는 순간부터 여러 가지 성령의 은사를 받았다. 받은 은사 중 가장 많이 사용한 것은 방언의 은사다. 기도할 때에는 장소에 관계없이 거의 방언으로 기도했다.

그런데 필자가 방언기도를 열심히 하는 것을 보고서는 필자의 여동생이 자기 친구에게 말했고 그 말은 친구 아버지의 귀에까지 들어갔다. 그는 당시 성서침례교회를 담임하고 있었다. 하루는 그가 나를 만나자고 해서 행당동에 있는 교회까지 찾아갔다. 그는 나를 만나자마자 방언은 초대교회에나 있었던 것이고 지금은 없다고 하며 내가 방언을 받은 것은 귀신에게 붙잡혔기 때문이라고 했다. 그리고 여의도순복음교회 조용기 목사를 비롯하여 방언기도를 하는 사람들은 모두 잘못된 신앙생활을 하고 있는 것이라고 했다.

필자는 당시 성경을 전혀 모르는 상태에서 방언을 받았기 때문에 그 말을 듣고서 얼마나 두려움과 공포 속에 떨었는지 모른다. 아무 말도 하지 못하고 교회를 나와 집으로 오던 중 오정현 목사를 만나 이 문제를 상담하기 위해 내수동교회로 찾아갔다. 마침 토요일이라 그곳에서 그를 만날 수 있었다.

오정현 목사는 당시 국내에서 가장 큰 내수동교회 대학부를 인도하고 있었기 때문에 성경을 아는 지식이 수

준급이었다. 그는 내 말을 듣고 나더니 아무 걱정하지 말라고 위로하면서 안심을 시켰다. 당시 그가 방언에 대하여 성경을 찾아 설명을 했지만 지금은 전혀 기억나지 않는다. 필자는 그때부터 방언을 연구하기 시작했다. 그래서 방언에 관한 한 다른 사람보다 조금은 더 알고 있는 편이라고 생각한다.

지금은 과거에 비해 방언에 대한 논쟁이 많이 사라졌지만 아직도 멈추지 않은 부분이 있다. "성경에 방언을 통역하는 사람이 없으면 교회에서는 잠잠하라고 말씀하고 있는데 왜 방언기도를 하느냐"는 것이다. 만일 당신이 이와 동일한 질문을 받았다면 어떻게 대답할 것인가? 아마도 묵묵부답할 독자들이 많을 것이다.

그러나 이렇게 말하는 것은 초대교회 당시의 방언에 대하여 잘못 알고 있는데서 비롯된 것이다. 당시는 설교사역이 불완전하였기 때문에 하나님께서 방언을 통역하여 메시지를 전달하기도 하셨다. 그런데 만일 방언을 통역하지 않는 상태에서 방언을 받은 사람들이 차례로 나와서 방언만 하고 들어간다면 그런 광경을 본 사람들이 뭐라고 하겠는가? 미쳤다고 할 것이다(고전 14:23). 그래서 교회에서는 방언을 통역하는 자가 없을 경우 자기와 및 하나님께만 말하고 교회에서는 잠잠하라고 말한 것이다(고전 14:28). 따라서 통역하는 자가 없어도 교회에서 방언으로 기도하는 것은 성경적으로 전혀 문제가 되지 않는다. 오늘날 우리가 기도할 때 사용하는 방언은 메시지를 전달하기 위한 수단이 아니라 자기의 비밀을 영으로 하나님께 아뢰는 수단임을 알아야 한다.

"방언을 말하는 자는 사람에게 하지 아니하고 하나님께 하나니 이는 알아 듣는 자가 없고 영으로 비밀을 말함이라"_고전 14:2

성령에게 이끌리는 삶

그는 세상 사람들의 상식으로는 도저히 이해되지 않는 방법으로 성령의 이끌림을 받아 복음을 전하며 예언사역을 하고 있다. 사실 길거리 예언사역은 그 자체가 사람들의 상식을 뛰어넘는 사역이다. 그는 메시지를 전할 경우 성령의 감동에 따라 큰 소리로 전할 때도 있고, 간단히 전할 때도 있고, 그냥 기도만 하고 오는 때도 있고, 때로는 종이에 그 내용을 기록하여 강대상에 놓고 올 때도 있다. 전적으로 성령께서 시키시는 대로 순종한다.

성령께서는 종종 그의 생각과 다르게 그를 인도하신다. 언젠가는 월세 보증금을 다 까먹은 상태에서 설상가상으로 집이 팔려 집을 비워주어야 하는 상황에 놓인 적이 있었다. 그래서 그는 자신이 처한 상황을 주님께 아뢰며 도움을 청했다. 그러나 성령께서는 그의 마음을 다른 곳으로 돌리게 하셨고 다음과 같이 말씀하셨다.

"종아! 아프리카 어린이들을 보라. 동남아의 빈곤한 자들을 보라. 너희 나라의 불쌍한 고아며 가난한 자들을 위해 기도하라. 예수께서는 이 세상에 계실 때 가난하여 배고프셨고, 머리 둘 곳 없이 사셨고, 십자가를 지고 골고다를 오르셨고, 모욕을 당하셨고, 매를 맞으셨고, 멸시를 당하셨고, 그 발과 손에 대못이 박히셨다. 예수님의 모든 고난은 너의 죗값을 대신 지불하시기 위함이니라."

그 후로는 비록 그가 어려운 상황에 처해도 염려를 다 주께 맡기고 그보다 더 힘들고 어려운 사람들을 위해 기도하는 삶을 살아가고 있다. 길거리에서 전도를 하다보면 바람이 매섭게 불어와 추위에 떨고 허기진 배를 움켜 쥔 적이 한 두 번이 아니었지만 주님을 생각하며 고난을 감내했다.

애써 찾은 교회의 문이 잠겨 있으면 힘이 빠졌지만 원망하거나 투정하지 않았다. 남루한 옷차림 때문에 종종 거지 취급을 받았다. 아무도 없는 캄캄한 지하성전을 더듬거리며 들어가서 기도할 때가 한 두 번이 아니었다. 해가 기울면 하루의 일과를 마쳤다고 생각하고 기차에 몸을 싣고 그날의 피로를 풀었다. 이런 삶이 그의 일과다. 그는 기도 명령을 받은 대로 전국 방방곡곡을 찾아다니며 이렇게 사역하고 있다.

동인천 소재 감리교회 지하예배당에서 주신 메시지

그는 길을 걸으면서 이렇게 기도를 드리고 있었다.

"삼위 하나님! 펜을 들었으니 말씀해주시옵소서. 주님의 말씀을 겸손히 받아 적어 내려가겠습니다."

"좋아! 이곳 도원역에서 내리는 순간부터 눈물을 흘렸지? 너의 눈에서 눈물을 흐르게 한 이는 나이니라. 내가 너를 이곳에 보내어 시찰케 하는 것은 이곳의 영적 상태를 보아 알도록 한 것이니라. 제2장로교회를 지나서 이곳에 왔지? 지금부터 이르는 말이 나의 중요한 메시지니라. 이 땅을 교회들에게 붙였기에 교회가 하늘의 영권을 가지고 자연과 인간의 모든 문제를 다스려야 하느니라. 그런데 그런 일에는 관심을 두지 않고 교회건물과 십자가탑을 높이는데만 전력하고 과시용으로 바벨탑만 쌓고 있구나. 나를 섬긴다고 하면서도 기독교를 기복적인 도구로 전락시키고 사람들의 비위를 맞추어 목회하는 목회자들을 책망하노라."

이 말씀은 교회마다 경쟁이라도 하듯이 예배당 건축

에 힘을 쏟고 있는 한국교회를 책망하신 것이다. 사실 교회들이 예배당 건축에 힘을 쏟는 데는 나름대로 이유가 있다. 어떤 교회는 예배공간이 턱없이 부족하기 때문에, 어떤 교회는 교육공간이 부족하기 때문에, 어떤 교회는 건물이 너무 낡았기 때문에 새롭게 건축을 한다. 사실 이런 이유로 건축하는 것은 별로 문제가 되지 않는다. 그러나 대부분은 이런 이유가 아니라 자신을 과시하고 싶은 명예욕이라는 괴물에게 사로잡혔기 때문이다. 이 괴물이 움직이면 어느 누구도 잠재울 수 없다.

우리는 초대교회가 건물 중심의 교회가 아니라 사람 중심의 신앙공동체였음을 알아야 한다. 천하보다 귀한 영혼보다 건물을 더 소중하게 생각하는 교회는 주님께서 기뻐하시는 교회가 아니다. 이런저런 명분을 내세워 교회의 외형을 치장하느라 교회의 본질적인 사명을 소홀히 해서는 안 된다. 우리는 80여 년 동안이나 지은 헤롯 성전을 하나님께서 A.D. 70년경 로마의 디도 장군을 사용하여 돌 위에 돌 하나 남기지 않고 무너뜨리셨음을 명심해야 한다.

삼선감리교회에 주신 메시지

전철 4호선 한성대 역에서 하차하여 밖으로 나오니 언덕위에 있는 큰 교회가 보였다. 가까이 가보니 '기독교대한감리회 삼선교회'라고 쓰여 있었다. 당시의 담임은 지성래 목사였다. 교회에 들어서자 어디를 가려고 하는지 사람들이 대기하고 있던 교회버스에 타려고 우르르 몰려나왔다. 교회의 중직들 같아 보였다. 그는 한 여자 성도를 붙들고 말했다.

"기도하러 왔는데요! 어디로 가야 하나요?"

그녀는 급히 나가려다가 지하에 기도실이 있음을 알려주고 일행들과 합류했다. 지하로 내려가 보니 식당 옆으로 개인적으로 사용할 수 있는 기도실들이 줄지어 있었다. 사 가지고 간 김밥으로 끼니를 때우고 조그마한 개인기도실에 들어가 기도를 했다.

기도 중에 환상이 열리더니 마귀가 부처형상으로 그 일대를 방석처럼 깔고 앉은 모습이 보였다. 공중에 앉아 있었지만 너무 커서 다른 것들은 전혀 보이지 않았다. 그 형상을 보고 있자 주님께서 그 교회가 부처마귀를 물리치는 사명이 있다고 말씀하셨다. 또한 담임목사를 '말쟁이'라고 일컬으셨는데 이는 그가 말을 잘하기 때문이라고 하셨다.

　기도를 마치고 1층으로 올라가는데 조금 전에 그에게 기도실의 위치를 가르쳐주었던 여자 성도가 되돌아왔다가 그와 마주쳤다. 즉시 그녀에게 다가가서 그 교회가 부처마귀를 쫓아내는 기도사명과 담임목사가 말썽이라 말했다. 그랬더니 그녀는 이렇게 대답했다.

　"맞아요! 우리 목사님이 말씀을 잘 하세요."

　그 말만 하고 시간이 없는지 부리나케 교회 밖으로 뛰어가는 바람에 그녀와 더 이상 대화를 할 수 없었다. 그녀가 자신이 들은 교회의 사명을 담임목사에게 전달할 수 있을지 의심이 들었지만 혹 전달이 되지 않아도 그는 자신이 감당해야 할 일을 다 했다는 생각에 교회를 나와 내리막길로 행하였다.

　내려오던 중 마침 다른 교회의 십자가탑이 보여서 그곳으로 가서 기도할 생각으로 땀을 흘리며 골목을 따라 걸어갔다. 가까이에 이르렀다고 생각했는데 바로 앞의 건물들로 인하여 십자가탑을 볼 수 없어 두리번거리며 십자가를 찾고 있는데 시장보따리를 양손에 잔뜩 들고 올라오고 있는 40대 초반의 여자를 만났다.

　"아주머니! 저쪽에서 십자가가 서 있는 교회를 보고

올라 왔는데 갑자기 십자가가 없어졌어요."

그녀가 대답했다.

"이 골목에는 교회가 없어요. 저 위쪽 골목을 찾아보세요."

그래서 그는 다시 물었다.

"교회에 다니세요?"

"삼선교회에 다닙니다."

"그러세요?"

그는 속으로 반가워했다. 마침 삼선교회에서 기도로 응답 받은 내용을 그 교회 여자 성도에게 일러주었지만 제대로 전달될지 몰라 다소 불편한 마음을 갖고 있던 차였기 때문이었다. 그는 순간 그 여자 성도를 거기에서 만나 자신이 받은 말씀을 다시 말할 수 있는 기회를 얻게 하신 주님의 섭리와 성령의 역사하심에 깊은 감사를 드린 후에 조금 전 삼선감리교회에서 받은 주님의 음성을 동일하게 말했다. 그러자 그 여자 성도 역시 담임목사가 말씀을 잘한다고 하면서 그렇지 않아도 지난번에 담임목사가 성도들에게 부처를 대적하는 기도를 해야 한다고 말씀했다는 것이다.

그는 그 여자 성도를 신뢰했기에 그 말씀을 담임목사에게 꼭 전해달라고 당부하면서 아울러 하나님께서 그 여자 성도에게 물질의 복을 부어주실 것도 전해주었다. 그러자 그녀는 다소 상기된 얼굴로 반드시 그가 부탁한 말을 전하겠다고 약속을 했다. 그는 하나님의 메시지가 땅에 떨어지지 않도록 그 여자 성도를 만나게 하신 하나님의 섭리하심에 다시 한 번 놀라지 않을 수 없었다.

장충교차로에서

그는 성령님의 인도를 받아 금호동으로 가고 있었다. 장충교차로에 서서 보니 오른쪽에 장충체육관이 보였다. 오르막길 위에 큰 교회가 그의 눈에 들어와 그 교회로 들어가서 기도를 했다. 기도 중에 갑자기 장충교차로에 키가 어림잡아 3층 건물만큼 크고 다리가 몸통보다 긴 두 개의 형상이 뚜벅뚜벅 걷고 있는 환상이 보였다. 순간 놀라지 않을 수 없었다. 자세히 보니 그것은 부처마귀였다. 주님께서 그에게 말씀하셨다.

"이 교회는 부처마귀를 물리치는 사명이 있다. 그것이 이 교회의 본 사명이다."

기도를 마친 후, 그는 그 메시지를 전하기로 마음먹고 그 교회의 직원으로 보이는 이에게 말했다.

"이 교회는 부처마귀를 물리치는 기도를 해야 합니다."

　그러나 그는 이 말을 받아들이지 않았다. 그는 쓸쓸한 마음을 가지고 그 교회에서 빠져나왔다. 교회를 빠져나와서 건너편 언덕을 바라보다가 그곳에 거대한 건물들이 서 있을 것 같은 느낌이 들어 그쪽 방향으로 걸어가다가 많은 학생들이 가방을 메고 언덕을 오르는 것을 볼 수 있었다. 그는 곧 그 학교가 동국대학교인 것을 알게 되었다. 동국대학교는 불교재단이 세운 학교이다. 그는 자신이 그곳으로 기도 순방을 온 것이 우연이 아닌 것을 알게 되었고 하나님께서 동국대학교에서 가장 가까운 곳에 큰 교회를 세우신 것도 바로 이런 사명 때문이라는 것을 알 수 있었다.

영락교회에서

비가 부슬부슬 오던 날이었다. 그는 전철 6호선을 타고 삼각지역에서 내려 4호선 당고개행으로 갈아탔다. 서울역을 지나 회현역에서 내려 남대문 시장에 들렀다. 한나절 동안 남대문시장을 배회하다 다리가 아파 다음 전철역으로 가기 위해 지하철을 탔다. 명동 지하철역에서 내려 그가 20대 때에 자주 지나다녔던 세종호텔 방향의 출구로 나갔다.

비가 꽤 많이 쏟아졌다. 큰 빌딩 베란다에 비를 피하기 좋은 쉼터가 있었다. 그곳에 행인들을 위한 의자가 몇 개 있어서 거기에 앉았다. 비가 그치자 교회를 찾아 또 다시 걸었지만 쉽게 찾을 수가 없었다. 하기야 이렇게 비싼 땅에 교회가 있을 수 있을까? 그렇게 생각하고 왼쪽으로 돌아가는데 낯익은 글자가 눈에 들어왔다. 큰 글자로 '영락교회'라고 쓰여 있었다. 내심 찾고 있었던 교회였다. 유명한 개신교 지도자 한경직 목사가 개척한 교회였다. 영락교회는 한국 개신교의 지도적인 교회로 한국 기독교회사의 한 페이지를 장식한 교회이다.

기대 반 호기심 반으로 발걸음이 빨라졌다. 교회에

들어서니 뜰이 매우 넓었다. 그는 성도들의 손짓 안내를 따라 곧장 본당 지하에 있는 기도실로 갔다. 그곳은 개인 기도실이었다. 그는 자신을 위한 기도, 나라와 민족을 위한 기도, 그리고 교회들을 위한 기도를 드렸지만 영락교회에 대해서는 특별한 느낌이나 메시지가 없었다. 낡은 껍데기 교회는 아닐 텐데 이상하게 성령충만한 기도가 나오지 않았다. 웬일일까? 그 자신도 이해가 되지 않아 고개를 갸우뚱 거렸다.

탈레반에게 희생된 자의 호소

2007년, 경기도 분당의 모 교회에서 중동의 분쟁지역인 아프가니스탄에 봉사단원 23인을 파송했다. 그런데 그들이 7월 19일에 탈레반 반정부군이 주둔해 있는 지역으로 버스를 타고 들어가다가 탈레반에게 납치됐다. 이에 외신보도와 더불어 국내 매스컴 등이 연일 쉬지 않고 방송했다. 며칠이 못되어 대한민국 대통령이 특사를 급파하는 등 세계의 초관심사가 되었다.

이 사건으로 인해 우리나라는 미국과 아프가니스탄 카르자이 정부에 외교적으로 도움을 청해야 하는 안타까운 현실이 발생했다. 탈레반은 포로가 된 탈레반원들과 동등수의 한국인들을 맞교환하자고 제의해왔지만 협상이 거절되자 먼저 한국인 포로 23명 중 인솔자인 배형규 목사를 희생시켰다.

배형규 목사의 사망소식이 전해진지 2-3일쯤 지났을 때였다. 그는 집에서 혼자 새벽기도를 드리던 중 배형규 목사의 애절한 호소를 듣게 되었다.

"홍 강도사님!(그때는 그가 목사안수를 받기 전이었다) 저 배형규 목사인데요. 저는 22명을 인솔한 책임자로서 하나님께 기도했어요. 저를 죽게 하고 그들을 살려달라고요. 그리하여 저는 죽어 지금 하나님 품에 안기어 있어요. 홍 강도사님! 그들을 살려달라고 기도해주시기를 부탁해요."

간절한 부탁이었다. 하나님께서 자신의 죽음을 통해서 남은 일행들을 살리려고 애쓴 배형규 목사의 아름다운 희생을 그에게 알게 한 것이었다. 주님께서 배형규 목사의 희생을 받으시고 그들 모두를 무사히 귀환하게 하셨으면 좋았을 텐데…… 그가 기도를 시작하기도 전 안타깝게도 또 한 사람(심성민 형제)이 희생을 당했다.

그는 두 사람의 희생 소식을 접한 후, 죽음의 문턱에서 두려워 떨고 있을 21명의 생명이 무사히 귀환할 수 있게 해달라고 주님께 간절히 기도했다. 그의 기도 응답으로 그들이 무사히 귀환했는지 모르지만 두 사람의 희생으로 그 사건은 마무리 되었다.

그는 탈레반에게 두 사람이 희생된 사건을 다음과 같이 평가하고 있다.

"머나먼 타국에 가서 봉사나 선교활동을 하다가 납치되어 세계인이 경계하는 테러집단의 욕구충족의 미끼가 되었다는 것 자체가 한국 선교의 부끄러운 현실이다. 선교든 봉사든 대상국에 대한 치밀한 사전조사와 더불어 혹시 발생할지도 모르는 사건에 대한 대책과 그에 상응하는 조치를 취해야 한다. 선교를 떠나기 전에는 먼저 성령님의 인도를 받아야 한다. 그리고 선교사를 보내도 하나님의 의도와는 전연 상관 없는 자화자찬식 선교를 해서는 안 된다."

3
셋째마당 |

대한민국을 향한 예언을 말한다

남북통일을 위한 금식기도 명령

주님께서는 그가 신학교 1학년 때에 40일 금식기도를 하라고 명령하시면서 금식기도의 목적은 남북의 통일을 위함이라고 하셨다. 그래서 그가 주님께 여쭈었다.

"아버지! 저는 이제 신학을 시작한 풋내기이고 무명인에 불과한 종입니다. 이토록 중대한 통일기도를 왜 저에게 시키십니까? 그리고 저는 병든 사람이기 때문에 하루 세끼씩 40일을 금식하면 죽을지도 모릅니다."

그러자 주님께서 말씀하셨다.

"하루에 한 끼만 금식하라."

하나님은 그의 체질을 잘 아시고 그의 상황에 맞는 요구를 하셨다.

그는 다시 주님께 여쭈었다.

"이 땅에는 기라성 같은 목사님들이 많은데 하필이면 저에게 그 일을 시키시는 것입니까?"

주님께서 이렇게 말씀하셨다.

"큰 종들은 말도 마라. 그들은 자신들의 출세와 영광을 위해서나 금식하지 통일을 위해서 금식하는 줄 아느냐. 네가 해라."

"제가 하겠습니다."
대답을 하고 나자 두 눈에서 눈물이 펑펑 쏟아졌다. 하나님께서 얼마나 자신을 사랑하셨으면 그토록 막대한 일을 맡기셨을지 생각하니 너무 감사했다.
그는 대화식으로 기도했다.
"하나님! 우리나라가 50년이 넘는 긴 세월동안 통일이 안 된 이유는 무엇인가요?"
주님께서 대답하셨다.

"나의 종들의 책임이다. 그들은 하늘의 영권과 땅을 다스리는 권세를 받지 않았느냐? 나는 하늘의 영권을 나의 종들에게 주었노라. 나는 그들에게 영권을 주어서 너희 민족이 정치, 경제, 사회, 문화, 모든 방면에 하나가 되도록 기도하라고 했건만, 그들은 시대가 변할 때마다 각기 분산되어 오히려 갈라지게 하는데 앞장섰기 때문에 통일이 늦어지고 있는 것이다."

그리고 바로 그 순간 그에게 하나의 환상을 보여주셨는데, 그것은 1960년대에 독일의 기민당(기독교 민주당)과 연정한 브란트 수상이 동진정책(경제원조, 왕래, 체육인교류)을 통하여 통일의 기반을 조성한 것이다. 당시 독일은 서독과 동독이 민주주의와 공산주의의 첨예한 이념대결로 사상적으로 나뉘어 있었다.

그러나 기독교인들로 구성된 독일 기민당 당원들이 많은 성도들과 더불어 기도하며 총리로 당선된 브란트 수상과 연정하여 민족을 끌어안는 정책을 지지함으로 결국 1990년 구소련이 무너지자 독일은 통일국가가 될 수 있었다. 그는 주님께로부터 그 환상을 본 이후로 한국이 독일식 통일정책을 지향해야 한다고 생각하고 있다.

또한 하나님께서 그에게 통일은 피를 흘린 세대의 몫이 아닐 뿐만 아니라, 그들은 자격이 없다고 하셨기 때문에 남북이 동족 간에 피를 흘리지 않고 통일되기를 매일 기도하고 있다.

그는 주님께 여쭈었다.

"이북은 비가 오지 않고 농사도 잘 되지 않아 먹을 것이 없어 굶어 죽어가고 있습니다. 그러나 이남은 기후도 좋고 적기에 비가 와서 농사가 잘 되어 먹을 것이 풍부합니다. 이북이 저주의 땅이 된 것은 무엇 때문인가요?"

주님께서 말씀하셨다.

"너의 민족은 960번 이상의 외침을 받았다. 그런데 대부분의 외침은 육로를 통해 이루어졌기 때문에 이북지역은 늘 외침을 받을 수밖에 없었다. 그들이 외부로부터 공격을 받으면 자신만 살기 위해서 외국 군대에게 "이웃집에 먹을 것이 있으니 가져가시오. 이웃집에 처녀가 있으니 붙잡아 가시오"라고 하며 이웃을 헐뜯고 고자질을 했다. 즉 외침을 받을 때마다 동족끼리 싸우고 외국에게 아부하는 사대사상이 인습화되므로 그 죄가 너무 커서 김일성 부자가 구소련의 공산당을 업고 혜성처럼 나타나 죄 많은 이북을 징계하는 도구가 되었던 것이다. 그리고 죄의 대가를 치르는 이북의 후대인들이 대를 잇는 독재자 밑에서 살고 있기 때문에 천재지변도 많고 농사도 잘 안 되는 것이다."

여기서 우리는 조상들의 죄가 후손에게 어떤 영향을

미치는지에 대하여 살펴볼 필요가 있다. 교계에서는 '가계의 저주론'에 대하여 신학적인 논쟁이 끊이지 않고 있다. '가계의 저주론'이 신학적인 논쟁을 불러일으키고 있는 이유는 그런 주장을 예수 그리스도를 믿고 하나님의 자녀가 된 자들에게도 적용을 하려고 하기 때문이다.

조상의 죄가 후손에게 유전된다고 주장하는 사람들은 출애굽기 20장 5절과 신명기 28장 15절-18절을 근거로 제시한다. 그리고 그들은 조상들의 죄를 자손이 대신해서 회개기도를 드려야만 저주의 줄을 끊을 수 있다고 주장하면서 느헤미야 1장 6절과 다니엘 9장 20절을 그 근거로 제시하고 있다.

반면에 '가계의 저주론'을 반박하는 사람들은 신명기 24장 16절, 에스겔 18장 2-4절, 에스겔 18장 19-20절을 그 근거로 제시하고 있다.

가계의 저주론을 찬성하는 사람이나 반대하는 사람이나 모두 성경을 근거로 제시하고 있다. 그러나 성경을 근거로 주장을 한다고 해서 그 주장이 하나님의 뜻이라고 생각해서는 안 된다. 우리가 성경을 해석할 때에 지켜야 할 기본적인 원칙 가운데 하나는 신구약성경이 같은 성경이지만 신약을 통하여 구약을 해석해야 한다는 것이다.

그런데 신약성경은 죄로 인한 저주에 대하여 어떻게 말씀하고 있는가?

"그리스도께서 우리를 위하여 저주를 받은 바 되사 율법의 저주에서 우리를 속량하셨으니 기록된 바 나무에 달린 자마다 저주 아래 있는 자라 하였음이라. 이는 그리스도 예수 안에서 아브라함의 복이 이방인에게 미치게 하고 또 우리로 하여금 믿음으로 말미암아 성령의 약속을 받게 하려 함이니라"_갈 3:13-14

성경은 분명히 그리스도께서 우리를 대신하여 저주를 받으심으로 모든 죄로 인한 저주에서 속량하셨다고 말씀하고 있다. 따라서 조상의 죄로 인한 저주가 그리스도인에게 미칠 뿐만 아니라 그 저주를 해결하기 위하여 우리가 대신 회개를 해야 한다고 주장하는 것은 비성경적이다.

그런데 마치 조상의 죄가 우리의 삶에 영향을 미치는 것과 같은 일이 일어나는 것을 어떻게 설명해야 하느냐는 것이다. 예를 들어, 예수님을 믿지 않던 아버지가 암으로 죽었는데 예수 믿는 자녀들이 암에 걸리는 경우이다. 이러한 현상을 어떻게 해석해야 할까? 두 가지 현상으로 해석할 수 있다. 하나는 저주가 아닌 조상들의 죄의 영향과 죄의 결과가 자손들에게 나타난 것이다. 공동체에서는 한 사람의 잘못이 다른 사람에게 얼마든지 영향을 미칠 수 있다. 다른 하나는 마귀가 역사하기 때문이다. 마귀는 하나님과 우리를 이간시킬 뿐만 아니라 우리를 죽이고 멸망시키기 위해서 존재한다(요 10:10). 그들은 예수 믿기 전에 믿는 자 속에 들어와 있다가 나가지 않고 있거나 믿은 후에도 귀신이 틈을 엿보고 있다가 슬며시 들어와서 믿는 자를 괴롭히는 것이다. 즉 가계에 나타나는 저주스런 현상들은 결코 가계에 흐르는 저주가 아니다. 그것은 한 가계에 자리를 잡고 있던 귀신들이 아무런 권리가 없음에도 불구하고 믿는 자들이 그 귀신들을 대적하지 않기 때문에 당당하게 권리를 행세하고 있는 것이다.

예수 그리스도는 조상의 죄악이 후손들에게 흐르는 통로를 차단할 수 있는 유일한 길이다. 하루 속히 남북통일이 되어 그곳에 자유롭게 복음을 전파함으로 그 땅에 흐르는 저주의 영이 떠나가고 축복의 새 날이 다가오기를 간절히 기도한다.

남북통일에 대한 예언

주님께서 그가 40일간 한 끼씩 금식기도를 하는 동안에 남한과 북한이 머지않은 장래에 하나가 될 것이라고 말씀하셨다. 그 해는 2020년이다. 이 숫자는 우리나라의 전쟁이 시작한 시점에서 이스라엘이 바벨론에서 70년 만에 해방되었는데 그 70년을 더한 수(1950년+70년)이다.

그가 남북이 통일되는 해를 2020년으로 말한 것은 위에서 말했듯이, 6.25전쟁이 일어난 해에 바벨론 포로 기간의 햇수를 더해서 나온 것이 아니다. 그가 기도 중 주님께로부터 들은 것이다. 필자 역시 그동안 한국교회가 남북통일을 위해 열심히 기도했을 뿐 아니라, 여러 가지 주변 정세 등을 종합적으로 검토해 볼 때에 머지않은 장래에 남북통일이 이루어질 것을 확신한다.

그러면 남북통일은 어떻게 이루어질까? 필자는 그로부터 남북이 통일되는 과정에 관해 하나님께로부터 들은 내용을 전해 들었지만 국가안보와 직결되기 때문에 본서에서는 밝히지 않는다. 그러나 한 가지 분명한 사실은 2017년 북한 내에 큰 변화가 일어나고 3년간의 조정기간을 거쳐 2020년 전쟁이 아니라 평화적으로 남북이 통일될 것이다. 보다 자세한 내용은 홍바울 목사에게 직접 전화하면 들을 수 있을 것이다.

(홍바울 목사 연락처 010-9211-2771)

개 같은 우리의 민족성

그는 앉은 채로 기도하던 중 무릎 앞에 남북의 지도가 펼쳐진 광경을 환상으로 보았다. 그 지도에는 38선이 그어져 있었다. 그리고 직육면체 기둥의 한 개의 크기가 4-5m로 이북 평양지경에 우뚝 서있고, 동일한 크기의 기둥 서너 개가 이남 서울지경에 우뚝 서있는 것을 보았다. 이처럼 평양지경에 우뚝 선 소뼈가 한 개인 데 반하여 서울지경에 우뚝 선 소뼈가 여러 개인 것은 이북에는 공산당이 하나이고 남한에는 여러 정당이 있음을 뜻한다.

그 후 기둥들이 꽂혀있던 땅을 보았는데, 흙도, 풀도,

나무도, 사람도, 그 어떤 것도 보이지 않았다. 다만 그 자리에는 빈틈없이 개들이 꽉 차 있었다. 크거나 작은 개가 아니라 보통 크기의 개들이었다. 개들의 이빨은 날카로웠고 온몸은 새까맣게 보였다.

남한과 북한에서 각각 개들이 움직이기 시작했다. 고기가 한 점도 붙어 있지 않은 그 소뼈를 먼저 먹겠다고 서로 물고 뜯고 싸우기 시작했다. 이남의 개들은 이남의 소뼈들을 향하고 있었고, 이북의 개들은 이북의 소뼈를 향하고 있었다. 이 환상을 보고 있는데 주님께서 그의 귀에 음성을 들려주셨다.

"보아라! 너희 민족은 개 같은 놈들이란다."

개는 어떤 동물인가? 싸움 잘하고 음란하고 욕심 많은 동물이다. 그런데 하나님께서 우리 민족성을 개에게 비교하신 것이다. 개는 얼마나 음란한지 아들, 며느리, 손자, 할아버지, 할머니 상관없이 아무하고나 관계를 맺는다. 개는 얼마나 싸움을 잘하는지 상대방이 잘못하지 않아도 먼저 가서 싸움을 걸고 물어뜯는다. 개는 얼마나 탐욕적인지 다른 개가 먹는 꼴을 두고 보지 못하고 심지어는 제 새끼도 물어뜯는다.

서기관과 바리새인들이 예수님께 표적을 보여 달라고 하자, 예수께서 "이 악하고 음란한 세대가 표적을 구하나 선지자 요나의 표적 밖에는 보일 표적이 없다"(마 12:39)라고 하셨는데, 악하고 음란한 자들이 바로 우리 민족임을 알아야 한다.

이처럼 우리가 개 같은 근성을 가진 민족임에도 불구하고 세계에서 가장 많이 선교사를 파송하는 민족으로 쓰임을 받고 있는 것은 하나님의 특별한 은총이다. 유대인들처럼 선민이라고 목을 뻣뻣하게 하여 심판을 받지 말아야 한다.

이라크 전쟁에 대한 예언

그는 이라크에 전쟁(2003년)이 일어나기 전, 주님께로부터 전쟁이 일어날 것이라는 메시지를 받았다.

그는 주님께 여쭈었다.

"왜 이라크에 전쟁이 일어나게 되나요?"

주님께서 이렇게 말씀하셨다.

"이라크는 회교가 철옹성(鐵甕城) 같아서 틈을 주지 않으므로 전쟁으로 깨뜨려 예수의 복음이 들어갈 수 있게 해야 한다. 부시를 도구로 쓰고 있다."

또한 주님께서는 장차 유가가 폭등할 것에 대해서도 말씀하셨다.

"기름 값이 배럴당 50달러가 넘게 될 것이다."

그가 주님으로부터 이 예언을 받았을 때에는 아직 이라크 전쟁이 일어나지 않았기에 기름 값이 배럴당 20달러 대에 머물고 있었다.

그는 주님께로부터 받은 메시지를 전하는 것이 그의 사명이라고 생각하여 전철에 앉은 젊은이들에게 다음과 같이 권유했다.

"젊은이, 하나님께서 말씀하시는데 기름 값이 배럴당 50달러도 넘게 오를 것이라고 하시는데, 나는 경제에 대해서는 모르지만 석유와 관련된 사업에 신경을 써서 투자하시오."

또한 하나님께서 이라크 전쟁에 부대를 파송할 것도 말씀하셨다.

"이라크에 전쟁이 일어나면 너희 나라에서 파병시켜라. 파병시키되 반드시 선교사를 대동시켜라."

그러나 이 말씀은 그가 결정할 일이 아니고 한국정부나 선교단체가 결정해야 할 일이기 때문에 그들이 그렇게 하도록 간절히 기도를 드렸다. 파병과정에서 어려움이 많았지만 결국은 그가 기도한 대로 이라크에 자이툰 부대가 파병되었고, 그들과 함께 선교사들도 많이 들어갔다.

뉴욕타임즈는 2004년 11월 1일자 신문에서 '이라크 전쟁 후 미국인들이 배척받는 상황에서 자유롭게 선교해'라는 제목으로 한국선교사들의 중동사역을 다음과 같이 소개한 바 있다.

"한국인 선교사는 가장 개종시키기 힘든 이슬람 사람들에게 조심스럽게 예수님을 전하고 있다. 그들은 뜨거운 구원의 열정으로 가장 전도하기 힘든 지역에서 추방을 당하기까지 하면서 선교하고 있다. …… 이라크 전쟁 이후 미국을 비롯하여 서양 선교사들이 배척받는 현실에서 한국 선교사들은 그들에 비해 거부감 없이 자유롭게 선교할 수 있는 이점이 있다."

왜 하나님께서 우리나라를 선교대국으로 사용하실까?

그는 하나님께서 우리나라를 세계선교를 위한 선교국가로 세우신 이유가 무엇인지 여쭈었다. 그러자 주님께서 그 답을 가르쳐주셨다.

"원래 세계선교는 이스라엘이 담당하게 되어있다. 그러나 그들이 나도 믿지 않는데 어떻게 그들에게 세계선교를 맡길 수 있겠느냐?"

그는 그 말씀을 듣고서 다시 여쭈었다.
"그렇다면 우리보다 잘 사는 일본에게 그 일을 시키시지 왜 우리에게 시키시나요?"
주님께서 이렇게 대답하셨다.

"일본은 우상을 너무 많이 믿는다. 나를 믿는 수가 극히 적다. 반면에 너희 민족은 나를 믿는 자가 많고 세계 어느 민족에게도 비위를 잘 맞추기 때문에 선교하기가 용이하다. 이런 이유로 인하여 너희 민족에게 세계선교를 맡긴 것이다."

한국세계선교협의회(KWMA)에 따르면 2011년 1월 현재 50교단 177개 선교단체에서 해외에 파송한 한국 선교사는 169개국에 22,014명이다. 그러나 개교회가 파송한 선교사까지 합산하면 그 수는 훨씬 많다. 이는 미국에 이어 세계에서 가장 많이 선교사를 파송하는 수치이다. 우리는 하나님께서 이토록 우리 민족에게 복을 주셔서 선교대국으로 만들어주신 것을 감사해야 한다.

"여호와를 자기 하나님으로 삼은 나라 곧 하나님의 기업으로 선택된 백성은 복이 있도다"_시 33:12

핵폐기물 처리시설에 대한 하나님의 뜻

그는 신학교 3학년에 재학 중 당시 부안 변산에 있는 축복기도원의 초청을 받아 2박 3일간 집회를 인도한 적이 있었다. 기도원에서 기도하던 중 주님께서 그에게 정부가 추진 중인 핵폐기물 보관시설을 변산 앞바다의 섬에 설치하는 것을 용인하시고 찬성하신다는 음성을 들려주셨다.

핵폐기물 보관시설을 변산 앞바다에 설치하는 이유는 그 주변의 물이 태평양, 인도양, 남태평양, 북극해, 대서양 등 세계 각국으로 흘러가는데 이렇게 흘러가는 물을 각국의 사람들이 보면 한국을 깔보지 못하게 되고 침략하지도 못하게 된다는 것이다. 한국도 핵을 만들어서 침노하는 외세를 무찌를 수 있다는 것이다.

또한 그 시설은 외침의 국가적 치욕을 영원히 종식시키는 기표(旗標), 즉 푯대라 하셨다. 그리고 그 보상으로 부안 군민들은 경제적인 부를 얻을 것이며 그들 중에서 대대로 지도자들이 배출될 것을 말씀하셨다.

그런데 어떻게 되었는가? 이런 국가적으로 중차대할 뿐 아니라 부안군민이 크게 복 받게 될 사건을 반대하다가 군민이 찬반으로 나눠지고 서로 원수지간이 되었다. 부안읍의 어떤 큰 교회는 그런 민족적인 사명을 기도로 사수하지 못하고 찬반의 선두에 서다가 깨져서 두 개로 갈라지는 수치를 당하고 말았다. 결국 이권다툼이 감정다툼으로 번졌고 감정다툼은 법적소송으로 이어졌다. 교회가 세상 법원의 심판을 받는다는 것은 영권으로 세상을 다스려야 하는 권리를 스스로 포기한 것과 같은 것이다.

우리는 한 나라의 길흉화복이 교회의 영적상태와 매우 밀접한 관계에 있음을 알아야 한다. 왜냐하면 하나님께서 땅의 나라들을 다스리는 권세를 교회에 위임하셨기 때문이다.

그가 전국을 순회할 때마다 주님께서 개 교회에게 주신 사명을 가르쳐 주셨다. 어떤 교회는 지역적 특성을 책임져야 하는 사명이, 어떤 교회는 근처의 대학교를 위해 기도해야 하는 사명이, 어떤 교회는 근처의 기업체 또는 초중고 학교들을 위해 기도해야 하는 사명이 있음을 말씀하셨다.

개 교회가 맡은 사명 외에 다른 것을 부수적으로 이행하는 것은 개 교회의 재량이지만 개 교회가 받은 고유한 사명은 어떠한 일이 있어도 감당해야 한다. 맡은 바 사명을 온전히 감당하지 않는 것은 하나님께 100% 순종하지 않는 것이다. 예를 들어, 어떤 교회가 받은 사명이 은사를 행하는 것임에도 불구하고 구제에 비중을 더 둔다면 이는 주님의 뜻을 100% 순종하는 것이 아니다. 그렇게 하는 것은 대통령의 직분을 감당해야 할 사람이 농사짓는 것과 같고, 또는 농사지어야 하는 사람이 대통령이 되겠다고 나서는 것과 같다.

핵폐기물 시설설치가 데모로 무산된 지 3개월 정도 지났을 때에 우리 정부의 발표가 있었다. 전국 각 시와 군에 공개적으로 제안하여 가장 찬성표가 많이 나오는 시나 군이 핵폐기물 관리시설을 유치할 수 있게 한 것이다. 투표를 실시한 결과, 계산에 빠른 경상도 경주시가 찬성표를 가장 많이 얻어서 그곳으로 옮기게 되었다.

그 무렵 그는 기도했다. 그러나 주님께서는 핵폐기물 저장시설이 경주가 아니라 부안 변산에 세워지는 것이 하나님의 뜻이라고 다시 말씀하셨다. 그 시설은 영원히 외침을 받지 않을 것이라는 점을 상징해주는 푯대라는 것과 핵은 현대판 법궤와 같다고 말씀하셨다. 법궤가 이스라엘에 머물러 있었을 때는 이스라엘에게 복이 되었지만, 블레셋에 머물러 있었을 때는 블레셋에게 저주가 되었다.

하나님께서는 좋은 나라가 핵을 보유하면 평화적으로 사용하지만 나쁜 나라가 보유하면 전쟁에 사용하기 때문에 현대판 법궤라고 말씀하셨다. 경주에 있으면 재앙이고, 부안 변산에 있으면 축복이라고 말씀하셨다. 장차 핵처리 문제로 그곳에 재앙이 발생하여 '제발 부안으로 가져가라'하고 사정하게 된다고 하셨다.

만경강에서 세족식을 거행하다

그가 변산 축복기도원에서 2박 3일간 기도하던 중, 이틀째 되던 날에 주님께서 그에게 또 다른 말씀을 주셨다.

"여기까지 왔으니 만경강에 가서 세족식을 거행하라."

그가 주님께서 그렇게 말씀하신 이유를 여쭈자 주님께서 다음과 같이 말씀하셨다.

"만경강은 대한민국의 곡창지대를 가로지르는 풍요의

강이다. 너를 중심으로 해서 기도원 사람들 모두가 거기에서 세족식을 거행하면 대한민국의 가난한 자들에게 있는 가난의 저주가 물러가게 되는 중보의 의식이 될 터이니 가서 거행하라."

그가 기도원의 원장에게 그 말씀을 전하자 그녀는 승합차를 타고 당장 그곳으로 가자고 말했다. 기도원에서 만경강까지는 왕복 120리 길이었다. 기도원장의 남편도 목사인데, 그가 만경강까지 데려다 주었다. 만경강 상류 적당한 곳에 당도하여 각인의 발을 씻어 주는 세족식을 거행했다.

우리가 알다시피 세족식은 예수께서 유월절 양으로 세상을 떠나시기 전에 제자들의 발을 씻기신 의식이다.

"그들의 발을 씻으신 후에 옷을 입으시고 다시 앉아 그들에게 이르시되 내가 너희에게 행한 것을 너희가 아느냐 너희가 나를 선생이라 또는 주라 하니 너희 말이 옳도다 내가 그러하다 내가 주와 또는 선생이 되어 너희 발을 씻었으니 너희도 서로 발을 씻어 주는 것이 옳으니라 내가 너희에게 행한 것 같이 너희도 행하게 하려 하여 본

을 보였노라"_요 13:12-15

 일반적으로 사람들은 예수께서 제자들의 발을 씻겨주신 것을 제자들에게 겸손과 섬김의 삶을 살도록 교훈하시기 위해서 행한 것으로 이해하고 있다. 그러나 홍바울 목사는 하나님께서 만경강에서 세족식을 거행하면 그것이 대한민국의 가난한 자들에게 있는 가난의 저주가 물러가게 되는 중보의 의식이 된다고 말씀하셨다고 기록하고 있다.

 그래서 필자는 평소 우리가 알고 있는 세족식의 의미와 전혀 다른 의미로 그가 하나님의 음성을 들었다고 한 것을 어떻게 이해해야 할지 고민이 되었다. 그러나 예수께서 세족식을 제자들에게 겸손과 섬김의 본만 보이시려고 행하신 것이 아님을 깨닫고 그 고민이 해결되었다.

 예수께서 세족식을 행하신 또 다른 이유는 무엇일까? 예수께서 베드로의 발을 씻기시려고 할 때에 예수님과 베드로의 대화를 보면 또 다른 이유를 알 수 있다. 예수께서 베드로의 발을 씻기신 것은 그의 발이 더러웠기 때문이 아니라 그의 죄를 사해주신다는 의미로 씻기신 것이다. 그래서 예수께서 발을 씻기지 않으려고 했던 베드로에게 "이미 목욕한 자는 온 몸이 깨끗하니라 너희가 깨끗하나 다는 아니리라"(요 13:10)라고 말씀하신 것이다. 그렇다. 예수께서는 제자들의 발을 씻기심으로 그들의 죄를 사해주시는 분이심을 가르쳐 주신 것이다.

왜 사람들이 가난의 저주가운데 살아가고 있는가? 가난을 대물림하기 때문이기도 하지만 근원적인 이유는 죄 때문이다. 그런데 만경강에서 세족식을 거행하는 것은 가난한 자들의 죄를 씻어주는 것이고, 그 죄를 씻어줄 때 그들이 저주에서 해방될 수 있기 때문에 세족식은 가난을 저주에서 해방시키는 중보의 의식이 되는 것이다.

어느 여름날, 북한산에서

어느 여름날, 그는 성령님의 인도하심을 따라 북한산을 향하고 있었다. 당시 그의 집은 불광동 버스터미널 근처였기에 그곳에서 북한산으로 가는 버스를 이용했다. 51세 때부터 얻은 지병으로 건강이 좋지 않아서 그런지 북한산 근처에서 내려서 올라가는데 힘이 무척 들었다. 온몸의 힘이 빠지고 기운이 없었다. 그러나 그는 하나님의 명령에 따라 산 입구까지 걸어갔다.

입구에 도착하자 근처에 큰 교회가 보였다. 성도가 1,000명 정도 되는 교회였다. 아무도 없는 뒷자리에 앉아 기도를 시작했다. 그러자 하나님께서 잔잔한 음성으로 그 교회의 사명에 대해서 말씀해주셨다.

"이 산은 전국의 모든 무당들이 다 모이는 곳이기 때문에 잡신들이 우글거리는 곳이다. 이 교회는 이곳에서 우상을 섬기는 우상숭배자들에게 복음을 전하여 그들을 돌이키게 하는 사명이 있다."

교회마다 하나님께서 주신 사명이 있다. 그 사명을 잘 감당하면 하나님께서 복을 더해 주시지만, 그것을 모르고 있거나 무시하게 되면 화가 닥칠 수 있음을 알아야 한다.

어느 가을날, 도봉산에서

도봉산 근처에 있는 전철역에서 내려 한없이 걸었다. 꽤 크게 조성된 마을이 보였다. 그는 가장 가까운 교회부터 방문했다. 신축한지 얼마 되지 않은 교회였다. 예배당이 열려있어서 뒷자리에 앉아 기도했다. 별다른 말씀을 주시지 않아 곧바로 나와 걷다가 철 계단을 타고 올라가게 되어 있는 교회가 보여서 그곳으로 갔더니 2층 난간 옆에 어떤 남자가 서 있었다.

"기도하러 왔습니다."

그러자 예배당 문을 따준 후에 '목양실'이라는 표지가 붙은 옆방으로 들어갔다. 그는 어느 교회에 가든지 길게 기도하지는 않는다. 왜냐하면 기도하면 하나님께서 곧바로 응답을 주시기 때문이다. 일반적으로 기도응답을 받는데 오랜 시간이 걸리지만 그는 거의 즉시 응답을 받는 편이다.

그가 기도하자 하나님께서 그 교회에 주신 사명을 알려주셨다. 그래서 목사님을 만나 다음과 같이 전해주었다.

"도봉산은 전국 각지의 잡신들이 수없이 진을 치고 있으므로 하나님께서 이 교회에 그것을 부숴버리고 파

멸시키는 사명을 주셨습니다."

이 말을 들던 목사는 자신도 그런 사명이 있다는 것을 안다고 말하며 그것을 대단히 자랑스러워하는 눈치였다. 그는 목사와 헤어져서 또 다른 곳으로 향했다. 어느덧 밤이 찾아왔다. 그는 어두운 밤길을 걸으면서 느꼈던 감정을 다음과 같이 적었다.

"어두운 밤이었지만 감사와 찬송을 드리면서 걷고 또 걸었다. 눈물이 흘렀다. 멀리 떨어진 마을에서 비추이던 불빛은 차가운 가을밤의 등대 같았다. 싸늘해진 뺨과 머리에 빗방울이 떨어지기 시작하더니 전력을 다해 걷는 나그네의 사정을 봐서인지 비가 곧 그쳤다. 싸늘한 바람은 나의 얼굴을 차갑게 했다. 이렇게 오늘의 사역은 끝이 났다."

국립묘지에서

그는 국립묘지로 향했다. 더위를 참아가며 정문에 들어서니 사진전시실 두 곳이 눈에 띄어 먼저 그곳에 들렀다. 한 곳은 왜정시대 독립투사들의 사진과 유품을 전시한 곳으로써 우리 역사의 치욕의 한을 되새기게 하는 곳이었다. 또 다른 곳은 국군 장병들의 사진과 유품을 전시한 곳으로써 동족상잔의 비극을 생생히 재현한 곳이었다.

노천에 줄지어 서 있는 묘패들에는 이름과 계급 등이 새겨있었다. 사병들 계급이었다. 위관 이상은 다른 곳에 있는 것 같았다. 그는 조국수호를 위해 장렬히 숨진 자들이 잠들어 있는 묘지의 샛길을 한없이 거닐며 통일을 위해 기도했다.

"하나님! 우리민족과 국가를 통일시켜주셔서 부끄러운 현재와 갈라진 아픔을 싸매주세요. 이북에 복음이 들어가 자유인들이 되게 해주세요. 남과 북이 하나가 되고 복음으로 통일되어 세계평화를 주도하는 민족이 되게 해주세요."

그는 눈물을 흘리면서 주님께 기도드렸다. 작열하는

태양은 묘역을 달궈 아지랑이를 일으켰다. 그의 몸에 파고든 더위는 그를 내몰아 큰 나무 밑에 주저앉게 했다. 근처에 초대 대통령 이승만 박사 내외(프란체스카 여사)가 묻힌 곳이라는 안내문이 보였다. 가까이 다가가 방명록에 '홍바울'이라고 쓰고 계단을 올라 묘를 바라보면서 혼자서 이렇게 외쳤다.

"독재자라는 오명을 뒤집어쓴 채 부끄러운 하야의 쓴잔을 마셔야 했던 초라한 말로의 아픔이 우리민족의 아픔이다. 일제강점기 일본에 충성했던 모리배들의 그늘에 가려진 바보 대통령! 그들을 업고 대통령직을 감당하다 보니 그들의 독성을 감수하여 자신의 무능과 실수로 자초한 어리석음을 스스로 짊어져야 했던 대통령! 이런 것들로 말미암아 과거를 영원히 청산하지 못하고 민족성 안에 감춰버려 정의와 불의가 뒤섞여 버린 역사적 비애가 오늘까지, 아니 영원히 지속될 수 있는 불쌍한 민족, 대한민국이여!"

고려대학교에서

새벽 5시 30분이었다. 그는 성령의 인도하심을 따라 무작정 전철을 탔다. 고대역에서 내려 출구로 나가 근처에 십자가탑이 있는지를 살펴보았지만 찾을 수가 없었다. 십자가탑 대신 고려대학교 정문이 눈에 들어왔다. 정문에 있는 '고려대학교'라고 쓰여진 간판을 읽는 순간 주님의 음성이 들렸다.

"고려대학에 들어가서 기도하라."

들어서니 어두움이 드려진 곳에 경사진 잔디밭이 보였고 그 위쪽에는 차로와 연해있는 인도가 보였다. 인도를 따라 가다보니 산 밑에 건물이 하나 서 있었다. 외관이 너무 낡아 보여 가까이 다가가 보니 일제시대에 지은 건물이었다. 앞 게시판에 쓰여 있는 설명을 읽어보니 1933년 일본인들이 설계하여 1934년 한국인들이 지은 것으로 되어 있었다. 읽은 후 그 건물을 훑어보는데 주님의 음성이 들렸다.

"저 중앙 현관 문설주에 손을 얹고 기도하라."

그는 즉시 그곳으로 가서 문설주에 손을 얹었다. 손을 얹는 순간 다시 주님의 음성이 들렸다.

"이 학교는 대외적으로 한국을 대표하는 학교이다. 대한민국 국호 영문표기가 고려대학교의 이름인 Korea와 똑같다. 그리고 고려대학교 졸업생들의 성격이 대한민국 국민의 성격과 같으며 함수관계에 있다. 고려대학교 졸업생들은 자신보다 잘나고 똑똑하고 지위가 높은 부자들에게는 아부 떨고, 자신보다 못나고 못살고 밑에 있는 자들은 무시하고 천대하는 성격을 가지고 있다. 너희 나라 국민성이 변하면 고려대학교 졸업생들의 성격이 변하고, 고려대학교 졸업생들의 성격이 변하면 너희 국민성도 변한다."

그 말씀을 받은 후에 그곳에서 내려오는데 초대 총장 김성수의 동상이 보였다. 잠시 멈춰서 동상을 한참 바라보다가 올라왔던 인도를 따라 내려갔다. 교문으로 가는 길 중간쯤에서 학생 하나가 바삐 올라가는 모습이 보였다. 그는 아무 생각 없이 큰소리로 그 학생을 불렀다.
"학생, 이리 와 봐요."

그러자 그 학생은 가까이 다가와 정중하게 물었다.

"왜 그러시지요?"

그는 생각하지도 않았던 말을 내뱉었다.

"아까 저기 본관 중앙 현관에서 기도하는데, 하나님께서 고려대학교 졸업생들의 성격이 이러저러하다는 말씀을 주셨는데 그것이 사실인가?"

학생이 대답했다.

"예, 맞습니다. 저도 신학을 하고 있습니다."

희한하게도 하나님께서 하신 말씀이 사실이라는 것을 곧바로 확인시켜주셨다.

그는 캠퍼스를 벗어나 근처의 교회를 찾아 나섰다. 그리고는 한 교회에 도착했다. 이른 아침이라 사무실에 아무도 없을 것이라고 생각했는데 여러 사람들이 각자의 책상에 앉아 일을 하고 있었다. 그는 문을 열고 들어가서 말했다.

"기도하러 왔습니다."

그 중 한 사람이 약간 거만한 자세로 손가락질만 하면서 말했다.

"저기 지하로 가서 기도하시오."

어두운 지하로 내려가 기도하기 시작했다.

그러자 주님께서 음성을 들려주셨다.

"이 교회는 고려대학교를 위해 기도하라고 세운 교회다."

하나님께서 고려대학교가 영적으로 잘못되면 안 되기 때문에 그 교회로 하여금 기도하는 사명을 주셨는데 그 교회는 그런 사실을 아직 모르고 있었다. 하나님께서는 개 교회마다 그 지역을 위해 기도하는 사명을 주셨다. 교회는 그 사명을 중요하게 생각해야 한다.

숭실대학교에서

그는 숭실대학교에 방문하기 전에 총신대학교에 들를까 생각했지만 주님께서 아무런 감동이나 말씀을 주시지 않아서 곧바로 숭실대학교로 향했다. 젊은 학생들이 떼를 지어 가는 것을 보고서 그들을 따라가면 학교에 도달하려니 생각하고 조용히 학생들의 뒤를 따라갔다. 그런데 그들의 뒷모습을 보니 왠지 슬픈 마음이 들었다. 마치 도살장으로 끌려가는 양처럼 기가 죽어 있었다.

 그는 숭실대학교와 아무런 연고가 없었지만 학생들의 기죽은 모습에 화가 났다. 그래서 학생들 틈으로 걸어가면서 큰 소리로 외쳤다.

"학생들, 힘을 내! 왜 기가 죽어 있어?"

 그러나 그들은 듣기만 하고 아무 말이 없었다.

 그곳은 하나님께서 세우신 지도자적인 위치에 있는 학교다. 즉 대한민국의 모든 교회를 위한 영적인 힘을 공급하던 젖줄이다. 그러나 그 본래의 모습을 잃어가고 있다. 지식적 추구로 세속화되어 일류 대학들에 눌려 기가 죽어 있는 것이다.

 그는 캠퍼스 정문을 지나 안으로 들어가 벤치에 앉아 있는 학생들에게 목청을 높여 숭실대학교의 위대성을 설명했다. 그러자 그들이 그의 말에 귀 기울이며 하나둘씩 주변으로 모여들기 시작했다. 그는 더욱 목소리를 높였다.

"용기를 내라. 용기를 내라. 여기는 대한민국 모든 교회의 영적 공급지이며 지도적 입장에 있다. 이곳이 영적으로 살아나야 교회들이 산다. 교회들이 살아야 우리나라가 산다."

그는 자신의 일장연설에 귀를 기울인 학생들을 가슴에 품고서 총총히 정문을 빠져 나왔다.

숭실대학교를 방문한지 수년이 지난 2008년 여름 어느 날, 그는 다시금 숭실대학교를 방문하고 싶은 마음이 생겼다. 왜냐하면 처음 방문 시 하나님께서 주신 말씀이 거짓이 아님을 다시 한 번 확인해 보고 싶었기 때문이었다.

그는 숭실대학교 교문으로 들어섰다. 순간 한경직 목사 기념관이 눈에 들어왔다. 처음 방문했을 때에는 그 기념관을 보지 못했다. 아마도 전철역 에스컬레이터에서부터 학생들에게 주님의 말씀을 외치다보니 기념관을 발견하지 못했던 것 같다.

그는 나오는 도중에 '안익태기념관 숭실대학교 헌장'이라고 쓰인 내용을 읽어 보았다. 그런데 놀랍게도 그 내용은 수년 전 캠퍼스 벤치에서 학생들에게 열변을 토했던 내용과 흡사했다. 그 내용은 다음과 같다.

※ 숭실대학교 헌장
숭실대학교는 한국 최초의 근대 대학으로서 기독교 정

신에 바탕을 두고 진리와 봉사를 건학이념으로 하여 설립되었다.

숭실대학교는 새로운 학문을 연마하여 교회와 사회에 유능한 지도자 및 3.1운동의 주도인물을 배출하였으며 일제의 신사참배 강요에 폐교로 맞서 신앙의 지조와 민족의 자존을 지켰고 광복 후 서울에서 재건되어 대학 결연의 자세를 지키며 내실 있는 교육을 실시하여 왔다.

그는 숭실대학교를 위해 기도해야 할 이유를 다음과 같이 설명하고 있다.

"숭실대학교는 민족사에 빛나는 전통을 이어받아 심오한 학문을 탐구하여 미래사회를 열어갈 고도의 전문지식을 습득하고 기독교 신앙에 기초한 참다운 애국자를 양성하며 민족정신을 함양하는 훈련도장이다. 일제시대 최초로 평양에 세워진 기독교 학교인 숭실신학교의 후신이 바로 숭실대학교이다. 일본에게 강점을 당한 뒤에 애국가의 제창이 엄금되었을 때에도 숭실대학교에서는 안익태(AD 1906-1965)가 작곡한 애국가를 여전히 불렀다. 전국의 교회들은 숭실대학교를 위해 기도할 의무가 있으며 이 대학의 설립목적이 회복되도록 지원

해야 한다. 왜냐하면 사람의 계획으로 세워진 것이 아니라 하나님의 뜻을 좇아 전국의 각 교회들의 사랑과 기도로 세워졌기 때문이다."

유한대학에서

성령님의 인도하심을 따라 유한대학을 찾아 나섰다. 그는 땀을 뻘뻘 흘리면서 걷고 또 걸었다. 유한대학에 도착하고 나서야 그 대학이 경기도와 서울의 접경지에 있음을 알게 되었다. 캠퍼스를 찾아 계단을 오르고 또 올랐다. 옛날식 교실 건물 형태를 갖춘 캠퍼스가 눈에 들어왔다. 교사와 교사 사이에 나무들과 정원이 좁다랗게 정리되어 있었고, 그 양쪽에는 벤치들이 띄엄띄엄 놓여있었다. 학생들이 삼삼오오 모여 잡담을 하거나 책을 읽는 모습이 보였다.

그는 먼 거리를 걸어온 탓에 피곤하여 벤치에 앉아 조용히 기도했다.

주님께서 말씀하셨다.

"이 대학 출신들은 설립자 유한일의 정신을 본받아 애국애족을 하느니라."

유한양행과 유한대학의 설립자는 유한일 씨다. 그는 세상을 떠나면서 기업을 사회에 환원할 정도로 애국애족 정신이 투철한 사람이었다.

그는 고려대학교에서 받은 것과는 확연하게 다른 감동을 유한대학에서 받았다. 그리고 주님께서 세상이 보는 것과는 달리 유한대학을 고려대학교보다 더 나은 학교로 보고 계심을 느낄 수 있었다.

남산에 오르다

그는 전철 한강진역에서 하차하여 걷고 또 걸었다. 오르막길로 계속 걸어가는데 남산 뒤쪽 통로가 눈에 띄었다. 이상하게 자꾸 그쪽으로 발길이 옮겨졌다. 이내 오솔길이 보여 그 길을 따라 걸었다. 요소요소에 쉼터가 있었고 산책로도 정연하게 만들어져 있었으며 자동차가 다니는 길도 있었다. 주변에는 굉장히 큰 소나무들이 있었다. 애국가 가사 중에 "남산 위에 저 소나무 철

갑을 두른 듯"이라는 소절이 생각났다.

  그러나 그 소나무들은 멀리에서 볼 수 있을 정도로 곧게 자란 것들이 아니었다. 하나같이 고불고불하고 볼품이 없었다. 재목은커녕 땔감으로도 쓰기에 마땅치 않았다. 그는 밑에서부터 상상봉(上上峰)까지 빼곡히 서 있는 남산 위의 소나무들을 생각하면서 기도를 했다. 방언기도를 하면서 마음으로는 주님께 여쭈었다.

  "저 소나무는 왜 저렇게 고불고불하지요?"

  주님께서 대답하셨다.

"남산은 그 모양이 펑퍼짐한 어머니 젖가슴같이 둥글고 두루뭉술하다. 아기를 안은 부드러운 어머니의 젖가슴처럼 남산은 서울시와 너희 나라를 안고 있는 어머니산이다. 소나무는 너희 나라의 대표 나무다. 남산은 어머니이고 남산 위의 소나무들은 그 아들들이란다. 어머니산, 남산의 아들 소나무들이 고불고불한 것은 대한민국 국민들의 심성을 그대로 표현한 상징성이 있다. 너희에게 그것을 보이면서 깨닫게 하고 있지만 너희들은 그것을 예사로 바라보고 있다."

우리 민족은 "사촌이 땅을 사면 배가 아프다"라는 말이 있을 정도로 남이 잘되는 꼴을 보기 싫어한다. 왜 우리 민족성이 이렇게 꼬여있는 것일까? 필자는 아마도 외적의 침입을 자주 받아 육체와 마음에 큰 상처를 받았기 때문이라는 생각이 든다. 그런데 이렇게 많은 상처를 받은 민족을 치유하셔서 세계를 품고 그들을 복음화 하는 일에 가장 열심 있는 민족으로 삼아주시니 얼마나 감사한지 모른다.

4

넷째마당 |

세계열방과 종말을 향한 예언을 말한다

거대한 쓰나미 재앙

2004년 여름, 당시에 그가 다니던 신학교의 부속교실에서 있었던 일이다. 여름철이라 방과 후 3-4시경만 되면 햇볕이 쨍쨍 내리쬐고 더운 기운이 교실에 가득 찼다. 비좁은 교실에는 책상들이 빼곡히 들어서 있었다.

그는 기도하기 위해서 자리를 잡고 앉았다. 혼자 기도하던 중 갑자기 대성통곡이 나왔다. 이유를 알 수 없는 눈물이 폭포수같이 흘렀다. 통곡! 통곡! 감정은 그리 슬프지 않았지만 눈물은 폭포수처럼 흘렀다. 그의 부모님이 돌아가셨을 때에도 그렇게 울어본 적이 없었다.

동료 신학생 하나가 그의 대성통곡하는 소리에 놀라서 그가 기도하던 교실로 달려와 그 이유를 물었다. 그러자 그는 이렇게 대답했다.

"하나님께서 나를 울게 하시는 거예요. 그냥 나가 계세요."

동료 신학생이 나가자마자 하나님의 음성이 들렸다.

"아시아에 대재앙이 있으리라."

"왜 아시아에 대재앙이 있지요?"

그가 여쭈자 주님께서 대답하셨다.

"아시아에 우상이 너무 많아서 내 머리가 아프단다."

그는 기도하던 중 눈물을 엄청나게 흘렸다. 부속교실에서 나와 큰 교실 겸 예배실로 오니 그에게 우는 이유를 물었던 신학생과 또 다른 신학생이 있었다. 그는 그들에게 자신이 울 수밖에 없었던 사연과 기도내용을 말해주었다. 그 후 어디를 가든지 사람들에게 그것을 말해주었다.

그 일이 있은 지 6개월이 지났다. 그는 12월 26일 아침에 편안히 누워서 텔레비전을 켰다. 텔레비전을 켜는 순간 거대한 물결이 산더미처럼 밀려 육지를 삼키는 장면이 보였다. 두 남자가 필사적으로 도망하고 있었지만 곧 흔적도 없이 사라졌다. 그 장면을 보는 순간 그의 가슴이 철렁했다.

바로 그 때였다. 주님의 음성이 들려왔다.

"보아라! 보아라! 지금이 시작이다."

그는 6개월 전 주님께서 신학교 부속교실에서 아시아에 대재앙이 있을 것에 대해 말씀하신 것이 생각났다. 하나님께서는 결코 거짓말을 하시지 않는다는 사실과 더불어 부족한 자신에게 미리 가르쳐 주심에 감사를 드렸다.

성경은 이렇게 말씀하고 있다.

"주 여호와께서는 자기의 비밀을 그 종 선지자들에게 보이지 아니하시고는 결코 행하심이 없으시리라"_암 3:7

쓰나미 사건으로 인도양 연안과 동남아시아 12국가에서 23만여 명의 사망자와 200만 명 이상의 이재민이 발생했다. 인도네시아에서만 해도 10만 명이 넘는 사망자가 발생했다. 쓰나미는 매우 두렵고 엄청난 사건이었다.

그는 쓰나미의 성격을 다음과 같이 규정한다.

"쓰나미는 무엇보다도 우상숭배에 대한 경고 메시지다. 또한 세계인들이 아기 예수의 오심을 기념했던 성탄절 바로 다음 날에 쓰나미가 일어난 것은 술, 담배, 마약, 음란, 간음, 쾌락을 도모하는 죄에 빠진 자들에 대한 준엄한 심판이다. 주님께서 다시 오실 날이 가까웠다는 것을 아시아인들에게 보여준 심판의 서곡인 것이다."

싸스와 에이즈

2003년 초, '싸스(sars)'가 중국에서 발생했다. 언론은 중국에만 그 병이 발생하고 있음을 연일 보도했지만 발생 초기 병원균을 찾아내지 못해 전 세계인들이 싸스에 대한 두려움으로 긴장하고 있었다.

그가 기도 중에 주님께 여쭈었다.

"싸스는 무슨 병이며, 왜 중국에서 발생하여 그 안에서만 전염될 뿐 우리나라에는 전염되지 않는 것인가요?"

그러자 주님께서 그의 귀에 속삭이듯 말씀해주셨다.

"너희 나라는 내가 붙들고 있다. 싸스는 일종의 공해병이다. 중국을 보라. 그 넓은 땅에 공장들을 지어 뿜어대는 매연과 세계로 흘러 보내는 오염된 물을 보라. 공기와 물을 오염시킨 대가로 중국에만 싸스가 발생한 것이다. 이것은 중국에 대한 경고이다."

그는 또한 에이즈에 대해서도 여쭈었다.

"주님! '에이즈'가 아프리카에서 발생하여 그 대륙에 만연하고, 더 나아가 유럽과 아시아 등 전 세계 각국으로 급속히 퍼지는데 그 병이 아프리카에서 발생한 이유는 무엇인가요?"

주님께서 즉시 대답하셨다.

"에이즈는 '저주병'이다. 아프리카를 보라. 동물들이 많이 보이지 않느냐? 그 동물들이 제 새끼, 제 손자, 제 증손자, 제 아비와 어미, 제 할머니 할 것 없이 교미를 하고 있지 않느냐? 아프리카 사람들이 그것을 보고 배워 성적 질서를 무너뜨려 동물들처럼 음란한 행위를 하여 성적 타락이 만연한 것이다."

성적인 범죄는 단지 아프리카와 현대인들만의 죄가 아니다. 이미 구약의 소돔과 고모라의 멸망을 통해 볼 수 있듯이 인류의 시작과 함께 한 고질적인 죄악이며 온 땅에 만연되어 있는 우주적인 죄악이다.

특별히 마귀는 자기의 때가 얼마 남지 않은 것을 알고 우는 사자처럼 두루 다니며 삼킬 자를 찾고 있다(벧전 5:8). 특별히 성적인 유혹으로 영적 지도자들을 비롯하여 수많은 그리스도인들을 넘어뜨리고 있다. 우리는 바울이 성적인 범죄에 대해 고린도교회에 경고한 메시지를 귀담아 듣고 두렵고 떨리는 마음으로 육신의 정욕과의 싸움에서 승리해야 한다.

 "불의한 자가 하나님의 나라를 유업으로 받지 못할 줄을 알지 못하느냐 미혹을 받지 말라 음행하는 자나 우상 숭배하는 자나 간음하는 자나 탐색하는 자나 남색하는 자나 도적이나 탐욕을 부리는 자나 술 취하는 자나 모욕하는 자나 속여 빼앗는 자들은 하나님의 나라를 유업으로 받지 못하리라 너희 중에 이와 같은 자들이 있더니 주 예수 그리스도의 이름과 우리 하나님의 성령 안에서 씻음과 거룩함과 의롭다 하심을 받았느니라 …… 너희 몸이 그리스도의 지체인 줄을 알지 못하느냐 내가 그리스도의 지체를 가지고 창녀의 지체를 만들겠느냐 결코 그럴 수 없느니라 창녀와 합하는 자는 그와 한 몸인 줄을 알지 못하느냐 일렀으되 둘이 한 육체가 된다 하셨나니 주와 합하는 자는 한 영이니라 음행을 피하라 사람이 범하는 죄마다 몸 밖에 있거니와 음행하는 자는 자기 몸에 죄를 범하느니라 너희 몸은 너희가 하나님께로부터 받은 바 너희 가운데 계신 성령의 전인 줄을 알지 못하느냐 너희는 너희 자신의 것이 아니라 값으로 산 것이 되었으니 그런즉 너희 몸으로 하나님께 영광을 돌리라"_고전 6:9-11, 15-20

주변나라들과 미국에 대한 예언

주님께서 그에게 우리나라와 주변의 나라들에 대해 말씀하신 내용을 정리하면 다음과 같다.

"6자회담은 통일에 직접적인 영향을 주지는 않지만 분위기를 조성하는데 기여하기 때문에 주의 종들은 6자회담을 위해 기도해야 한다. 중국에는 내적 분란의 시대가 오게 되는데, 그 분란을 돌파하기 위해서 일본과 전쟁을 하게 될 것이다.

그러나 중국은 전쟁에서 패배하여 내적 혼란이 가중되고 기존 질서가 무너지게 되며, 일본은 전쟁에는 승리하게 되지만 곧 땅이 가라앉아 흔적도 없이 사라지게 될 것이다.

두 나라가 이렇게 되는 이유는 중국은 공산주의 사상의 유지와 체제를 수호하기 위해 기독교 복음전파를 방해했고, 일본은 극에 달한 우상숭배와 제2차 세계대전의 대대적인 피 흘림에 대해 회개하지 않기 때문이다.

중국은 일본과의 전쟁에서 패한 후 문호를 더욱 개방하므로 복음의 문이 활짝 열리게 될 것이다. 중국이 복음을 받아들인다는 것은 주님의 종말이 매우 가까이 와 있음을 의미하는 것이다.

미국은 음란과 여러 가지 죄악이 관영하므로 지진과 해일과 허리케인 등이 자주 일어나게 된다.

적그리스도가 나타나 처음에는 모든 인류에게 환심을 사려고 유리한 정책을 펼칠 것이지만 차츰 인류를 하수인으로 만들어 멸망케 하기 위해 갖은 만행을 하게 될 것이다. 그들은 마귀의 영을 받아 그리스도인들을 핍박하게 될 것이며 주님의 역사에 정면으로 대적할 것이다."

역사 이래 수많은 사람들이 '인류의 마지막 날'을 예언했지만 모두 빗나갔고 앞으로도 빗나갈 것이다. 왜냐하면 성경은 그날과 그 시를 아무도 모르고 오직 하나님 아버지께서만 아신다고 말씀하고 있기 때문이다(마 24:36).

　장차 주변 국가들에 일어날 일들을 살펴볼 때 곧 세상의 종말이 가까이 왔음을 알 수 있다. 우리는 늘 깨어 근신하는 삶을 살아가야 한다.

5

다섯째마당 |

성경적인 예언을 말한다

1. 예언이란 무엇인가?

　요엘 선지자의 예언, 즉 "하나님이 가라사대 말세에 내가 내 영으로 모든 육체에게 부어 주리니 너희의 자녀들은 예언할 것이요 너희의 젊은이들은 환상을 보고 너희의 늙은이들은 꿈을 꾸리라"(행 2:17)라는 말씀대로 하나님께서 말세에 모든 성도들에게 성령을 부어주시기 때문에 예언사역은 보편적인 현상이 될 것이다.
　그러나 성경에서 말하는 예언과 세상에서 말하는 예언이 다른 의미로 사용되고 있을 뿐만 아니라, 교파에 따라서도 이에 대한 견해가 상이하므로 예언에 대해 좀 더 알아 두어야 할 필요가 있다.

예언은 하나님의 뜻을 대언하는 것

　예언은 미래를 알고 싶어 하는 인간의 욕망으로부터 시작되었기 때문에 인류역사와 함께 시작되었다고 해도 과언이 아니다. 모든 문명에서 예언이 등장하는 것은 바로 이러한 사실을 뒷받침한다.

　예언의 사전적인 의미는 "앞으로 다가올 일을 미리 알거나 짐작하여 말하는 것이나 신탁(神託)을 받은 사람이 하나님으로부터 직접 계시된 진리를 사람들에게 전하는 일, 또는 그런 말"을 뜻한다.

　그러나 성경에서 말하는 예언은 세상에서 말하는 예언과 다른 의미로 사용되고 있다. 구약성경에서 예언이라는 뜻으로 사용된 '네부아'는 하나님으로부터 어떤 말씀을 듣거나 이상을 통해 본 사실을 말해주는 것을 의미한다. 그래서 '네부아'는 우리말의 '예언'이라는 단어보다는 '대변인'이라는 단어에 더 가깝다. 즉 선지자는 '하나님의 대변자'이며 하나님을 대신해서 한 말이 네부아, 즉 예언인 것이다.

　또한 신약성경에서 예언자는 '프로페테스'(프로=forth + 페테스=to speak)라고 하는데, 이는 미리 말하는 사람이 아니라 '앞으로 또는 밖으로 하나님의 뜻과 생각을 말하는 사람'이라는 뜻이다. 즉 세상에서 말하는 예언은 단지 시간적인 개념으로 앞서 장래사를 말해주거나 길흉을 점치는 행위를 뜻하는 의미로 사용되고 있지만, 성경에서 말하는 예언은 시간적인 개념보다는 하나님의 뜻을 전달하는 의미로 사용되고 있다.

물론 성경에서 말하는 예언이 '장래사를 미리 말하다' 라는 뜻을 전혀 갖고 있지 않은 것은 아니다. 그러나 그보다는 하나님의 뜻을 대변하는 것이 더 본질적이고 우선적이라는 것을 알아야 한다.

예언함은 성령의 은사 중 하나이지만

사도 바울은 고린도교회에 보낸 편지에서 다음과 같이 말씀하고 있다.

"어떤 사람에게는 능력 행함을, 어떤 사람에게는 예언함을, 어떤 사람에게는 영들 분별함을, 다른 사람에게는 각종 방언 말함을, 어떤 사람에게는 방언들 통역함을 주시나니"_고전 12:10

위 말씀을 통하여 알 수 있듯이 예언함은 성령의 은사들 중 하나이다. 그런데 예언함이 성령의 은사라는 것은 무엇을 의미할까? 그것은 우리의 힘과 노력으로 예언의 은사를 얻을 수 있는 것이 아니라 하나님의 선물이라는 뜻이다. 즉 예언의 은사를 받고 못 받고는 하나님의 뜻에 달려 있는 것이지 우리의 뜻에 따라 좌우되는 것이 아니라는 말이다. 하나님께서 그분의 뜻에 따라 각 사람에게 필요한 은사를 주시는데 그중에 어떤 사람에게는 예언의 은사를 주시는 것이다.

그러나 우리는 사도 바울이 고린도교회에 보낸 편지에서 "사랑을 추구하며 신령한 것들을 사모하되 특별히 예언을 하려고 하라"(고전 14:1, 참조 고전 14:5), "나는 너희가 다 방언 말하기를 원하나 특별히 예언하기를 원하노라 만일 방언을 말하는 자가 통역하여 교회의 덕을 세우지 아니하면 예언하는 자만 못하니라"(고전 14:5)라고 권면하고 있다는 사실을 알아야 한다.

이 말씀은 우리가 예언을 받기 위해서는 사모하는 마음을 갖고 노력해야 한다는 뜻이다. 즉 예언이 하나님께서 주시는 은사라 할지라도 그 은사를 얻기 위해 우리가 수고를 해야 한다는 것이다. 우리는 예언의 은사가 운명적인 것이 아니라 우리의 태도에 따라 좌우될 수도 있음을 알고 신앙생활을 보다 풍성하게 하기 위해 예언 등과 같은 영적인 은사를 사모해야 한다.

성경말씀과 예언은 어떻게 다른가?

오늘날의 계시는 성경에 기록된 신구약의 계시와는 다르다. 구약에서 선지자들이 말하고 기록한 예언은 절대적으로 신적인 권위를 가진 하나님의 말씀이다. 그래서 성경은 하나님께서 모세(신 18:18-20)나 예레미야(렘 1:9)나 에스겔(겔 2:7) 같은 선지자들의 입에 하나님의 말씀을 두셨다고 기록하고 있고, 선지자들 역시 자신들이 전하는 말씀을 '여호와의 말씀'(렘 23:31; 겔 13:8; 슥 2:6)이라고 했다. 또한 신약의 사도들도 구약의 선지자들같이 절대적인 신적 권위를 가지고 하나님의 말씀을 선포하고 기록했다(고전 2:13; 갈 1:8-12). 그래서 베드로는 구약의 선지자들이 전한 말씀과 신약의 사도들이 말한 것을 동일하게 취급하고 있다.

"곧 거룩한 선지자들이 예언한 말씀과 주 되신 구주께서 너희의 사도들로 말미암아 명하신 것을 기억하게 하려 하노라"_벧후 3:2

이처럼 신구약 성경말씀은 하나님의 감동을 받은 자

들이 전 시대를 위해 기록한 하나님의 말씀이다(딤후 3:16). 그러나 이처럼 신구약성경에 기록된 것만 하나님의 말씀이 아니다.

하나님께서는 이 시대에도 예언을 통해서 말씀하신다. 고린도전서 14장 24-25절은 예언을 계시와 동의어로 사용하고 있다. 즉 예언이나 계시는 모두 하나님께서 직접 주시는 것이다. 개혁주의 신학자들은 '계시'라는 말을 지나치게 좁게 정의하여 "특별계시는 곧 성경말씀이다"라고 단정을 짓지만, 성경에서는 '계시'라는 말이 특별계시 곧 성경말씀만을 가리키지 않고 다양한 의미로 사용되고 있기 때문에 성경말씀과 예언을 모두 하나님의 계시로 인정해야 한다(롬 1:18; 마 11:25; 엡 1:17).

그러나 예언과 성경말씀이 하나님의 계시라는 점에 있어서는 동일하지만 그 권위에 있어서는 전혀 다르다. 즉 성경말씀은 오류의 가능성이 절대 없는 신적인 권위를 가지고 있지만, 예언은 오류의 가능성이 있는 사적인 계시로서 성경말씀에 종속된 영적인 은사들 중 하나에 불과한 것이다.

그러면 예언이 하나님의 계시이지만 오류가 발생하는 이유는 무엇일까? 그것은 인간이 하나님의 계시를 받고 잘못 해석하기 때문이다. 어떤 경우는 계시 자체가 하나님으로부터 온 것인지 마귀로부터 온 것인지를 정확하게 구분하지 못하기도 하고, 어떤 경우는 하나님께서 주셨지만 그것을 올바로 해석하지 못하기도 한다. 그래서 사도 바울은 다른 사람이 예언을 하면 또 다른 이들은 그것을 분변하라(고전 14:29)고 권면하고 있는 것이다.

예언과 설교는 어떻게 다른가?

혹자는 예언하는 것과 설교하는 것을 동일하게 생각하고 혹자는 다르게 생각하기도 한다. 그러나 예언과 설교는 동일한 점과 차이점을 공유한다.

살펴본 대로 예언의 주된 사역은 장래사를 말하는 것이나 길흉을 점쳐주는 것이 아니라 하나님의 뜻을 물으러 오는 사람들에게 성령의 감동으로 주어진 하나님의 말씀을 대변하는 것이다. 설교 역시 성령의 감동을 받아 하나님의 말씀을 대언한다. 즉 설교나 예언이나 하나님의 뜻을 전한다는 점에서는 동일하다. 또한 설교나 예언이나 모두 성령으로 말미암은 말씀사역으로서 하나님의 뜻과 관심과 마음과 사랑을 가르쳐서 하나님의 뜻대로 살게 한다.

그러나 예언과 설교는 서로 다른 점이 있다. 첫째로, 예언이 하나님께서 말씀하신 것을 가감하지 않고 그대로 전하는 것이라면, 설교는 하나님께서 말씀해 주신 것(감동)을 성경말씀에 근거해서 해석하여 전하는 것이다. 물론 예언을 전달하는 과정에서도 예언하는 자의 주관적인 해석이 들어가지만 성경을 주관적으로 해석하는 것과는 비교가 되지 않는다. 둘째로, 예언이 즉흥적으로, 우발적으로, 개인적으로 전달된다면 설교는 단계적으로, 계획적으로, 일반적으로 전달된다.

이처럼 예언이나 설교가 하나님의 말씀을 전달하는 말씀사역이지만 나름대로 특성이 있기 때문에 우리는 예언사역에 대하여 좀 더 알기 위해 노력해야 한다.

2. 지금도 예언사역이 필요한가?

   예언함, 즉 예언사역은 구약시대나 신약시대나 항상 있었다. 그러나 신약시대의 예언사역과 구약시대의 예언사역은 현격한 차이가 있다. 구약시대의 예언사역은 오직 특별히 선택 받은 사람 즉 선지자만 할 수 있었지만 신약시대는 모든 그리스도인이 할 수 있다. 왜냐하면 모든 사람에게 성령께서 임하셨기 때문이다. 물론 성령께서 임하셨다고 모든 사람이 예언사역을 할 수 있는 것은 아니다. 그러나 신약시대가 구약시대보다 예언사역의 폭이 더 넓어지게 된 것은 엄연한 사실이다.

   즉 모든 그리스도인은 하나님 앞에 왕과 제사장이 되었을 뿐만 아니라(벧전 2:9) 자신 안에 성령님을 모시고 있기 때문에 직접 하나님께 나아갈 수 있고 그분의 음성을 들을 수 있다(요 10:27). 따라서 하나님의 인도를 받기 위해서 구약시대처럼 선지자를 찾아다닐 필요가 없다.

   그러나 신약성경은 성령 강림 후에도 예언의 은사를 사모하라고 말씀하고 있고 예언을 멸시치 말라고 말씀하고 있다. 이제 우리는 예언을 반대하는 측과 찬성하는 측의 주장을 듣고 현명한 판단을 내려야 한다.

왜 혹자는 예언사역이 필요 없다고 주장할까?

일반적으로 은사주의자들은 예언사역에 대하여 긍정적인 반응을 보이지만 보수적인 신앙을 가진 사람들은 성경말씀 이외의 예언사역에 대해 부정적이다. 그들이 그렇게 반응을 보이는 이유는 무엇일까?

첫째로, 성경은 완전하기 때문에 더 이상의 계시나 예언이 필요치 않다고 주장한다.

그들은 계시의 종결성을 말하고, 그 근거로 다음의 두 성경 구절을 예로 든다. 먼저 그들은 고린도전서 13장 9-10절을 근거로 제시한다.

"우리는 부분적으로 알고 부분적으로 예언하니 온전한 것이 올 때에는 부분적으로 하던 것이 폐하리라."

그들은 본문에서 '온전한 것'을 성경으로 해석하고

성경이 이미 완성되었기 때문에 부분적으로 하는 예언 사역은 필요 없다고 해석한다. 즉 당시는 정경이 확정된 상태가 아니기 때문에 일시적으로 예언이나 방언 등과 같은 은사가 필요했지만 지금은 정경이 확정되었기 때문에 그런 은사가 전혀 필요하지 않다는 것이다.

그러나 문제는 '온전한 것'을 '성경'으로 해석할 수 있느냐는 것이다. 우리는 본문의 앞뒤 문맥을 살펴보면 '온전한 것'이 무엇인지 쉽게 알 수 있다.

"온전한 것이 올 때에는 부분적으로 하던 것이 폐하리라 내가 어렸을 때에는 말하는 것이 어린 아이와 같고 깨닫는 것이 어린 아이와 같고 생각하는 것이 어린 아이와 같다가 장성한 사람이 되어서는 어린 아이의 일을 버렸노라 우리가 지금은 거울로 보는 것 같이 희미하나 그 때에는 얼굴과 얼굴을 대하여 볼 것이요 지금은 내가 부분적으로 아나 그 때에는 주께서 나를 아신 것 같이 내가 온전히 알리라"_고전 13:10-12

위 본문에서 '온전한 것이 올 때'가 바로 '그 때'라는 것을 알 수 있는데 본문에서 '그 때'란 어느 때를 가리키는 것일까? '그 때'란 얼굴과 얼굴을 대하여 보는 시기로써 주께서 우리를 아신 것 같이 우리가 주님을 온전히 아는 때이다. 즉 주님께서 재림하시면 그분을 직접 뵙기 때문에 그 때는 믿음도 필요 없고, 소망도 필요 없고, 예언도 필요 없고, 방언도 필요 없는 것이다.

계시의 종결을 주장하는 사람들은 만일 예수께서 재림하시기까지 계속해서 계시가 주어진다면 성경이 수만 권이 되어도 부족할 것이라고 말한다. 그러나 우리는 모든 하나님의 말씀을 성경이라고 부르지 않는다.

즉 하나님의 말씀을 포함하고 있다고 해서 그것을 성경이라고 일컫지 않는다. 수많은 하나님의 말씀 중에서 정경화 작업과정을 통하여 하나님의 말씀으로 확정된 것만을 성경이라고 부른다. 주일마다 강단에서 외치는 설교를 하나님의 말씀이라고 부르지만 그것을 성경이라고 부르지 않는 것은 바로 이러한 이유에서다.

또한 그들은 요한계시록 말씀을 근거로 신약시대의 예언사역의 부당성을 역설한다.

"만일 누구든지 이 책의 예언의 말씀을 듣는 각인에게

증거하노니 이것들 외에 더하면 하나님이 이 책에 기록된 재앙들을 그에게 더하실 터이요, 만일 누구든지 이 책의 예언의 말씀에서 제하여 버리면 하나님이 이 책에 기록된 생명나무와 및 거룩한 성에 참여함을 제하여 버리시리라"_계 22:18-19

그들은 본문에서 책은 '요한계시록'을 가리키고 있는데 요한계시록은 신약성경의 맨 마지막 책일 뿐만 아니라, 요한계시록의 완전성은 전 성경의 완전성과 그 맥을 같이하기 때문에 요한계시록이 신약성경의 마지막 책이므로 신구약성경 이외의 예언은 필요하지 않다고 주장한다. 그리고 그들은 한 걸음 더 나아가 예언하는 것은 하나님의 말씀에 뭔가를 더하는 행위로서 하나님께 재앙을 받는 일이라고 경고한다.

그런데 과연 이렇게 성경을 해석하는 것이 올바르냐는 것이다. 물론 요한계시록의 완전성은 성경전체의 완전성과 그 맥을 같이 한다. 요한계시록을 완전하지 않다고 하는 것은 성경 전체를 완전하지 않다고 말하는 것과 같다.

그러나 본문의 말씀을 정말 이미 계시가 종결되었기

때문에 그 이외의 예언을 하면 재앙을 받는다는 의미로 해석해야 할까? 이 말씀은 본문의 말씀대로 요한계시록에 기록된 예언의 내용에 가감하지 말라는 의미이지, 이미 계시가 종결되었기 때문에 예언을 해서는 안 된다는 뜻이 아니다. 만일 그렇게 주장한다면 사도요한이 장차 두 증인이 예언을 할 것이라고 말한 것을 어떻게 해석할 수 있겠는가?

"내가 나의 두 증인에게 권세를 주리니 그들이 굵은 베옷을 입고 천이백육십 일을 예언하리라"_계 11:3

둘째로, 예언과 같은 계시적인 은사는 초대교회나 당시에만 필요한 것이지 지금은 더 이상 필요하지 않다고 주장한다.

그들이 이렇게 주장하는 이유는 사도시대에는 교회를 세우기 위해 특별히 이런 은사가 필요했지만 지금은 그렇지 않다는 것이다. 그러나 이런 주장은 비성경적인 것이다. 왜냐하면 성령께서 예언의 은사 등과 같은 각종 영적인 은사를 주시는 이유는 개인의 유익이 아니라 교회의 유익을 위해서인데, 교회가 만들어지는 단계에서만 영적인 은사가 필요하고 그 후에는 필요하지 않다고 주장하는 것은 설득력이 없다.

더군다나 마귀는 자신의 때가 얼마 남지 않은 것을 알고서 우는 사자가 먹이를 찾듯이 우리를 공격하기 때문에 지금은 그 어느 때보다 더욱 영적인 은사가 필요한 시기이다.

힘들고 어려운 상황에서 교회를 설립하기 위해 이런 은사가 사도들에게 필요했다면 성경의 반입이 금지되는 등 초대교회보다 더 힘들고 어려운 지역에서 복음을 전하는 선교사들에게 영적인 은사는 더욱 더 필요하다.

셋째로, 장차 일어날 일을 미리 알아서 무슨 유익이 있느냐고 주장한다.

앞서 언급했지만 예언은 단지 장래 일을 말하는 것이 아니라 하나님의 말씀을 대언하는 것이다. 따라서 기독교의 예언사역을 세상의 예언가들처럼 길흉화복을 위해 점치는 것으로 치부해서는 안 된다.

그러나 예언은 성격상 미래에 이루어질 일을 다루는 경우가 많기 때문에 예언사역을 하다보면 장차 미래에 일어날 일을 다루게 된다. 혹 성령께서 예언을 통하여 장차 일어날 일을 알게 하신다면 그것이 우리에게 유익이 있기 때문이다. 따라서 "장차 일어날 일을 미리 알아서 무슨 유익이 있느냐"라며 예언사역을 터부시하는 것은 합당치 않다.

하나님께서 성경을 대체하기 위해서 예언의 은사를 주신 것도 아니고 또한 예언의 은사를 대체하기 위해서 성경을 주신 것도 아니다. 따라서 우리는 성경말씀과 예언을 모두 인정하는 자세를 취해야 한다.

왜 오늘날도 예언사역이 필요하다고 주장하는가?

앞서 우리는 왜 예언사역에 대해 사람들이 부정적으로 반응하는지를 살펴보았다. 그리고 그들이 그런 반응을 보이는 것이 어떤 점에서 잘못되었는가에 대해서 지적했다. 이제는 한 걸음 더 나아가 우리가 예언사역을 적극적으로 해야 할 이유를 살펴보고자 한다.

첫째로, 예수께서 친히 예언사역을 하셨기 때문이다.

예수께서는 선지자이시므로 말씀사역을 하셨다. 말씀사역에는 설교, 가르침, 예언이 있는데 그 중에서 가장 오래된 것은 예언사역이고, 그 다음에 율법이 오면서 가르침이 나타났고, 예수께서 오셔서 천국을 전파하심으로 설교가 시작되었다. 구약의 사람들은 하나님의 말씀을 예언하거나 가르쳤을 뿐, 설교를 한 적은 없다. 그러나 예수께서는 예언하시고, 설교하시고, 가르치셨다. 즉 예수께서만 온전히 말씀사역을 하신 것이다.

 신앙생활은 우리의 주가 되시는 예수 그리스도를 닮아가는 것이다. 예수께서는 "내가 진실로 진실로 너희에게 이르노니 나를 믿는 자는 내가 하는 일을 그도 할 것이요 또한 그보다 큰 일도 하리니 이는 내가 아버지께로 감이라"(요 14:12)라고 말씀하셨다. 우리는 하나님의 말씀을 가르칠 뿐 아니라 성령의 감동하심으로 들려주시는 하나님의 음성을 듣고 예언사역을 해야 한다.

둘째로, 장차 성도들이 예언할 것을 말씀하셨기 때문이다.

 구약시대는 예언사역을 선지자만 감당했지만 신약시대에는 그리스도인이라면 누구나 할 수 있게 되었다.

"하나님이 말씀하시기를 말세에 내가 내 영을 모든

육체에 부어 주리니 너희의 자녀들은 예언할 것이요 너희의 젊은이들은 환상을 보고 너희의 늙은이들은 꿈을 꾸리라 그 때에 내가 내 영을 내 남종과 여종들에게 부어 주리니 그들이 예언할 것이요"_행 2:17-18

이 말씀은 말세에 하나님께서 성령을 각 사람에게 부어주심으로 그들 가운데 예언하는 자들이 있을 것이라는 예언이다. 그런데 본문에서 '말세'란 어느 때를 가리키는 것일까? 그것은 베드로전서 1장 20절이 밝히고 있듯이, 예수 그리스도의 초림으로 시작되어 그리스도의 재림으로 끝나는 시대를 가리킨다. 즉 구약의 예언자들이 내다보던 신약시대를 말한다. 사실 구약성경에는 '말세'라는 단어가 나오지 않고 '그 후에'라는 단어만 나오는데, 사도행전의 저자인 누가가 '그 후에'라는 단어를 '말세에'라는 단어로 대체한 것이다.

또한 "모든 육체에게 하나님의 영을 부어 주실 것이다"라는 예언은 하나님께서 마가의 다락방에 모인 120여 명의 유대인들에게 성령을 부어주심으로 성취되었다. 그러나 이로써 예언이 모두 성취된 것은 아니다. 말세에 모든 육체에게 하나님의 영을 부어주심으로 그들이 예언한다고 말씀하고 있기 때문에 신약시대의 그리스도인은 누구나 예언사역을 하기 위해 노력해야 한다.

참고로 모세의 기도(민수기 11장 29절)를 통해서도 신약시대 모든 그리스도인들이 예언하는 것은 당연하다는 사실을 확인할 수 있다. 이스라엘백성들이 광야에서 먹는 문제로 원망을 하자 모세가 큰 고통을 당하게 되었다. 그러자 하나님께서 인도자 모세의 짐을 덜어주시기 위해 모세에게 임한 영을 70명의 장로들에게도 임하게 하셨다.

그런데 장로 70인 명단에 오른 자 가운데 엘닷과 메닷이 장막에 나가지 않고 진영에 있었는데 그들도 예언의 영을 받아 예언하자, 모세를 섬기는 여호수아가 "내 주 모세여 그들을 말리소서"라고 했다. 그러자 모세가 이렇게 말했다.

"네가 나를 두고 시기하느냐 여호와께서 그의 영을 그의 모든 백성에게 주사 다 선지자가 되게 하시기를 원하노라."

놀랍게도 모세의 이 기도는 오순절 성령강림으로 성

취되었다. 또한 요한계시록 11장 3절도 두 증인이 계속해서 예언할 것을 말씀하고 있다. 따라서 신약시대는 구약시대보다 더욱 더 예언사역을 적극적으로 해야 한다.

셋째로, '예언을 하라'고 권면하고 있기 때문이다.

"사랑을 추구하며 신령한 것들을 사모하되 특별히 예언을 하려고 하라 …… 나는 너희가 다 방언 말하기를 원하나 특별히 예언하기를 원하노라"_고전 14:1,5

사도 바울은 고린도전서 13장에서 사랑을 행함이 없이 방언이나 예언을 하는 것은 아무 소용이 없다고 주장하고 있기 때문에 그가 예언이나 방언과 같은 은사사역에 대하여 부정적으로 말하는 것같이 보인다. 그러나 그는 곧바로 14장에서 사랑을 추구할 뿐만 아니라 신령한 것들을 사모하되 특별히 모든 사람이 예언을 하라고 권면하고 있다.

왜 사도 바울이 예언의 부정적인 면을 언급하다가 결국에는 예언하라고 권면하고 있을까? 그것은 예언을 잘못 사용하면 부작용이 일어날 수도 있지만 예언이 교회에 꼭 필요한 사역이기 때문이다. 물론 계시시대, 즉 사도시대에만 예언이 필요하다고 해석하는 자들은 필자의 이런 해석에 이의를 제기할 것이다.

그러나 그런 자들에게 꼭 묻고 싶은 것이 있다. "무슨 근거로 예언을 사도시대에만 필요한 은사로 국한하는가? 정경화 작업이 끝났기 때문인가? 아니면 설교가 예언의 기능을 대신하였기 때문인가?" 그러나 이런 이유로 예언사역의 무용성을 주장하는 것은 이미 살펴본 대로 설득력이 없다.

예언이나 방언은 정경화 작업이 끝나기 전까지만 필요한 은사가 아니다. 교회시대에도 예언은 하나님께서 설교와 함께 사용하시는 말씀사역 중의 하나라는 것을 알아야 한다.

넷째로, 신약교회가 예언사역을 하였기 때문이다.

우리는 성령강림 이후에도 선지자란 직임이 있었고, 예언사역을 했음을 알 수 있다. 성령께서는 예언사역자를 통해 바울에게 환난이 기다리고 있음을 예언케 하셨다.

"오직 성령이 각 성에서 내게 증거하여 결박과 환난이

나를 기다린다 하시나"_행 20:23

아가보도 예언사역을 했다.

"그 중에 아가보라 하는 한 사람이 일어나 성령으로 말하되 천하가 크게 흉년 들리라 하더니 글라우디오 때에 그렇게 되니라"_행 11:28

"여러 날 머물러 있더니 아가보라 하는 한 선지자가 유대로부터 내려와 우리에게 와서 바울의 띠를 가져다가 자기 수족을 잡아매고 말하기를 성령이 말씀하시되 예루살렘에서 유대인들이 이같이 이 띠 임자를 결박하여 이방인의 손에 넘겨 주리라 하거늘"_행 21:10-11

빌립 집사의 딸들도 예언사역을 했다.

"그에게 딸 넷이 있으니 처녀로 예언하는 자라"_행 21:9

사도 바울도 예언사역을 했다.

"내가 너희를 권하노니 이제는 안심하라 너희 중 아무도 생명에는 아무런 손상이 없겠고 오직 배뿐이리라 내가 속한 바 곧 내가 섬기는 하나님의 사자가 어제 밤에 내 곁에 서서 말하되 바울아 두려워하지 말라 네가 가이사 앞에 서야 하겠고 또 하나님께서 너와 함께 항해하는 자를 다 네게 주셨다 하였으니 그러므로 여러분이여 안심하라 나는 내게 말씀하신 그대로 되리라고 하나님을 믿노라"_행 27:22-25

이처럼 신약교회가 예언사역을 했다고 말씀하고 있음에도 불구하고 정경화 작업이 끝났다거나 설교가 예언사역을 대신하게 되었다는 이유로 예언이 불필요하다고 주장해서는 안 된다. 다시 말하지만 예언은 사도시대나 교회시대나 반드시 필요하기 때문에 은사로 주신 것이다.

다섯째로, 성경이 율법과 예언서를 구분하고 있기 때문이다.

우리는 성경에서 '모세와 선지자의 글'이라는 표현을

자주 접할 수 있다.

"이에 모세와 모든 선지자의 글로 시작하여 모든 성경에 쓴 바 자기에 관한 것을 자세히 설명하시니라"_눅 24:27, 참조 행 26:22, 눅 24:44

여기서 '모세와 선지자의 글'이란 구약성경을 가리키는 유대인들의 관용적인 표현이다(참고로 유대인들은 성경을 율법서, 선지서, 성문서로 구분한다, 행 26:22 참조).

유대인들이 성경을 이렇게 구분하는 것을 통하여 우리는 무엇을 알 수 있는가? 예언은 구약시대에 하나님께서 이스라엘을 자기백성으로 만들기 위해 사용하신 방법 중의 하나라는 사실이다.

율법(토라)은 가르침을 뜻하는 말로, 어느 시대 누구에게나 적용되는 보편적인 하나님의 뜻에 대한 가르침을 의미한다. 그러나 예언은 특정 시대의 특정인들을 향한 하나님의 뜻을 전하는 것을 뜻한다. 따라서 신약시대에도 우리가 기록된 말씀을 갖고 있지만 그 말씀과 더불어 우리가 특정한 상황에 처했을 때에 말씀하시는 예언이 필요한 것이다.

우리가 알다시피 사울은 잃어버린 나귀를 찾기 위해 이곳저곳을 다녔지만 찾지 못하자 선지자 사무엘을 찾아갔다(삼상 9:1-10:9). 왜 그가 사무엘 선지자를 찾아갔을까? 그가 나귀들을 계속 찾아야 할지 돌아가야 할지 성경에 기록된 말씀이 없기 때문이다. 이 시대도 때때로 우리가 특정한 상황에서 어떻게 해야 할지 모를 때에 직접 성령의 음성을 듣거나 특별히 예언의 은사를 받은 사람의 도움을 받을 수 있다.

여섯째로, 사람들이 장차 일어날 일에 깊은 관심을 갖고 점점 잘못된 것들에 심취해가고 있기 때문이다.

일반적으로 사람들은 미래에 대해 알고 싶어 하는 마음을 갖고 있다. 그렇기 때문에 입시철이나 선거철을 앞두면 용하다고 소문난 점쟁이 집은 문전성시를 이루는 것이다. 그런데 안타까운 사실은 그리스도인들 중에도 미래에 대한 궁금증을 해결하려고 점쟁이들을 찾아가는 자들이 부지기수라는 사실이다.

사울 왕을 보라. 블레셋 군대가 공격해 왔을 때에 큰 두려움이 엄습해오자 하나님께 물었지만 여호와께서 꿈으로도, 우림으로도, 선지자로도 대답하시지 않았다.

그러자 그는 친히 쫓아낸 신접한 여인을 찾아가서 물었다(삼상 28:3-7).

그리스도인은 마귀와의 싸움 즉 영적전쟁을 피할 수 없다. 신앙생활 자체가 영적전쟁의 연속이다(엡 6:10-12; 벧전 5:8). 우리가 영적전쟁에서 이기지 못하면 마귀에 사로잡힌 자들을 주께로 돌아오게 할 수 없다. 따라서 지금처럼 영적전쟁이 치열한 상황에서는 마귀에게 종노릇하고 있는 무당이나 점쟁이보다 더 영적능력이 있어야 한다(행 13:6-13). 말세가 가까울수록 예언은 영적전쟁에 매우 유용한 도구가 될 것이다.

신약시대의 예언사역을 전망한다

이처럼 교회시대에도 예언사역은 필요한 것이다. 따라서 일부 성경구절, 즉 고린도전서 13장 9-10절과 계시록 22장 18-19절 등과 같은 구절을 잘못 해석하여 예언사역이 종결되었다고 하거나 예언사역이 불필요하다고 주장해서는 안 된다.

한동안 한국교회가 방언의 은사에 대하여 극렬하게 논쟁을 한 적이 있었다. 특별히 장로교단들이 방언에 대하여 매우 부정적인 반응을 보였는데 당시 방언을 강조한 오순절교단을 이단으로 몰아세웠다. 그러나 오늘날은 어떠한가? 오순절교단뿐 아니라 장로교 교인들도 방언을 신앙생활에 매우 유용한 은사로 활용하고 있다.

예언사역도 마찬가지라고 생각한다. 현재는 계시의 정의를 지나치게 협소하게 적용하여 성경말씀만 계시로 생각하여 예언사역에 부정적으로 반응을 보이는 교회들이 많지만, 종말이 가까울수록 예언도 성경말씀과 함께 하나님의 계시의 말씀으로 인정을 받게 될 것이다.

우리가 알고 있듯이 은사주의자는 예언사역을 해야 한다고 주장하고 복음주의자는 예언사역이 불필요하다고 주장한다. 그러나 깊이 파고 들어가면 둘 사이에 큰 차이가 없음을 발견할 수 있다. 즉 은사주의자는 '성령께서 이렇게 말씀하셨다'고 표현하는 반면, 전통적 복음주의자는 '성령께서 이렇게 감동을 주셨다'고 표현하고 있을 뿐이다.

지금은 예언사역에 대하여 부정적인 사람들이 더 많지만 머지않은 장래에 긍정적인 사람이 더 많아지게 될 것이며 예언이 신앙생활에 매우 유익한 영적은사로 인정을 받고 자리매김을 하게 될 것이다.

3. 신약시대의 예언은 어떤 역할을 하는가?

신약시대의 예언은 구약시대의 예언과 그 역할이 다르다. 구약시대에는 주로 회개와 심판의 역할을 했지만 신약시대에는 다음과 같은 역할을 하고 있다.

첫째로, 덕을 세우고, 권면하고, 안위한다.

"예언하는 자는 사람에게 말하여 덕을 세우며 권면하며 안위하는 것이요"_고전 14:3

'덕을 세운다'는 것은 '견고하게 만들다' 또는 '충전시키다'는 뜻이다. 즉 '덕을 세운다'는 것은 서로 후덕하고 사이좋게 지낸다는 뜻이 아니라, 벽돌을 쌓듯이 건물을 차츰 세워간다는 뜻으로, 예언을 통하여 믿음을 견고하게 하고 영혼을 재충전하도록 해준다는 뜻이다. 이는 마치 사람들이 운동을 해서 몸을 가꿔가듯이 예언 사역을 통하여 성도들을 영적으로 세워가는 것을 뜻한다.

'권면'은 '가까이 부름, 훈계, 권고, 격려'의 뜻을 갖고 있는데, 하나님께서 예언을 통하여 양심과 의지를 옳은 대로 움직이게 하고 진리 가운데 서게 한다.

"너희는 다 모든 사람으로 배우게 하고 모든 사람으로 권면을 받게 하기 위하여 하나씩 하나씩 예언할 수 있느니라"_고전 14:31

예언의 결과가 삶의 방향을 바른 길로 가게 하는 것이 아니면 잘못된 예언이다.
'안위'는 '몸이 편안하고 마음이 위로를 받다'라는 뜻으로 우리가 이런저런 일로 낙심해 있을 때에 예언을 받으면 새 힘을 얻을 수 있다.

"내가 너희를 권하노니 이제는 안심하라 너희 중 아무도 생명에는 아무런 손상이 없겠고 오직 배뿐이리라 내가 속한 바 곧 내가 섬기는 하나님의 사자가 어제 밤에 내 곁에 서서 말하되 바울아 두려워하지 말라 네가 가이사 앞에 서야 하겠고 또 하나님께서 너와 함께 항해하는 자를 다 네게 주셨다 하였으니 그러므로 여러분이여 안

심하라 나는 내게 말씀하신 그대로 되리라고 하나님을 믿노라"_행 27:22-25

바울은 이 예언으로 자신이 먼저 두려움에서 해방될 수 있었고 이 예언을 듣는 자들을 위로하여 힘을 얻게 했다. 두려움과 공포를 느끼게 하는 예언은 성령의 감동으로 하는 예언이 아님을 알아야 한다.

둘째로, 담대히 복음을 전하게 한다.

"밤에 주께서 환상 가운데 바울에게 말씀하시되 두려워하지 말며 침묵하지 말고 말하라 내가 너와 함께 있으매 어떤 사람도 너를 대적하여 해롭게 할 자가 없을 것이니 이는 이 성중에 내 백성이 많음이라 하시더라 일 년 육 개월을 머물며 그들 가운데서 하나님의 말씀을 가르치니라"_행 18:9-11

사도 바울이 고린도에서 복음을 전할 때에 대적하는 자가 많아 일시적으로 두려움을 느끼고 있었다. 그런데 그가 어떻게 고린도에서 18개월 동안이나 담대히 하나님의 말씀을 가르칠 수 있었을까? 그것은 그가 예언을 통하여 하나님께서 자신과 함께 하신다는 음성을 들었기 때문이다. 성령께서는 예수 그리스도를 증언하러 오셨기 때문에(행 15:26) 성령의 은사인 예언 역시 예수 그리스도를 증언하는 일에 사용되어지는 것은 당연하다.

셋째로, 장차 일어날 일을 알게 하여 준비하게 한다.

"여러 날이 걸려 금식하는 절기가 이미 지났으므로 항해하기가 위태한지라 바울이 그들을 권하여 말하되 여러분이여 내가 보니 이번 항해가 하물과 배만 아니라 우리 생명에도 타격과 많은 손해를 끼치리라 하되"_행 27:9–10

이 말씀은 바울이 로마로 호송되어가는 중 알렉산드리아 배에서 한 예언이다. 그러나 선장과 선주는 바울의 말을 믿지 않고 항해를 진행했다. 처음에는 순항하는 것 같았지만 유라굴로라는 광풍이 크게 일어나 그의 예언대로 배가 파선되고 286명이나 되는 사람들의 생명이 위태한 지경에 이르게 되었다.

성경적인 예언은 장래사를 알려주는 것이 본질적인 것이 아니지만 때로는 하나님께서 예언을 통하여 장차 어떻게 해야 할지를 알려주어 준비하게도 하신다. 그러나 예언을 듣고 불순종하느냐 순종하느냐는 각자의 몫에 달려 있다.

넷째로, 책망하여 하나님을 경배하게 한다.

"그러나 다 예언을 하면 믿지 아니하는 자들이나 알지 못하는 자들이 들어와서 모든 사람에게 책망을 들으며 모든 사람에게 판단을 받고 그 마음의 숨은 일들이 드러나게 되므로 엎드리어 하나님께 경배하며 하나님이 참으로 너희 가운데 계신다 전파하리라"_고전 14:24-25

초대교회 당시에는 기록된 말씀을 갖고 있지 않았기 때문에 예언사역을 통하여 가르침을 받고 책망을 받았다. 그러나 지금은 성경이 완성되어 있기 때문에 굳이 예언사역을 통하여 가르치고 책망할 필요는 거의 없어졌다. 그렇다고 예언사역을 통해 가르치고 책망할 필요성이 전혀 없는 것은 아니다. 하나님께서는 필요에 따라 기록된 말씀뿐만 아니라 예언사역을 통해서도 우리를 의롭게 하시기 위해 책망하신다는 것을 알아야 한다.

4. 예언사역, 이렇게 하라

우리는 예언사역이 왜 필요한지에 대하여 살펴보았다. 하나님께서 성령의 각종 은사를 주시는 것은 우리에게 유익을 주시기 위해서다. 따라서 우리는 예언을 비롯하여 성령의 각종 은사를 지혜롭게 사용할 줄 알아야 한다. 특별히 예언의 은사를 사용할 때에는 아래의 사항을 숙지하고 주의해야 한다.

첫째로, 예언하기를 사모해야 한다.

"사랑을 추구하며 신령한 것들을 사모하되 특별히 예언을 하려고 하라"_14:1

혹자는 예언사역 자체를 부정하고, 혹자는 부정적으로 평가하고, 혹자는 심지어 이단시하기도 하지만, 성경은 오히려 예언하기를 사모하라고 말씀하고 있다. '예언을 하려고 하라'는 말은 하나님의 말씀을 적극적으로 전달하는 삶을 살라는 것이다. 왜 우리에게 그렇게 살라고 권면하고 있을까? 그것은 하나님의 말씀을 전달하는 자는 먼저 하나님의 뜻대로 살 수 있기 때문이다.

예언을 추구하는 삶은 단지 미래를 알고 싶어 하는 삶이 아니라 세속적인 삶을 지양하고 하늘에 속한 것을 추구하는 삶이라는 것을 알아야 한다. 권면이나 위로의 성격을 띠는 예언이든 미래에 일어날 일을 알려주는 예언이든 우리의 관심을 이 세상이 아니라 하늘나라에 두게 해야 한다.

혹 예언하려고 노력하지만 하나님의 음성을 듣지 못해 예언을 포기하려고 하는가? 그러나 그렇게 하는 것은 주님의 뜻이 아니다. 왜냐하면 예언의 은사를 받는 시기와 단계가 사람마다 다르기 때문이다. 혹자는 한 순간에 예언의 은사를 받기도 하고 혹자는 여러 단계를 거쳐 받기도 한다. 따라서 자신이 원하는 때에 예언의 은사를 받지 못했다고 포기해서는 안 된다. 참고로 예언의 은사는 지혜와 지식의 말씀, 중보기도의 은사로부터 시작하기 때문에 중보기도의 은사가 있는 사람은 예언사역을 할 확률이 매우 높다.

둘째로, 믿음의 분수대로 예언을 해야 한다.

"우리에게 주신 은혜대로 받은 은사가 각각 다르니 혹 예언이면 믿음의 분수대로"_롬 12:6

본문의 '예언'이 기록된 하나님의 말씀인지 성령의 은사 중의 하나인지에 대하여는 논쟁이 뜨겁다. 예언을 사도의 사역처럼 계시시대(사도시대)에만 있었던 단회적인 것으로 보는 사람들은 예언을 하나님의 말씀을 대언하는 것으로 이해하고, 그렇지 않은 사람은 성령의 은사로 이해할 것이다. 그러나 성경 본문은 이미 예언을 성령의 은사 중의 하나라고 밝히고 있기 때문에 후자의 의미로 이해해야 한다.

그러면 '믿음의 분수대로 예언하라'는 말은 무슨 의미일까? 이는 예언하는 자는 자신의 신앙과 대치되는 것을 말하지 말아야 한다는 뜻이다. 즉 사사로운 이유로 자신도 믿지 않는 충격적인 말을 하려는 유혹을 이겨야 한다는 것이다. 예언자는 항상 하나님의 대언자로서의 역할에만 충실해야 한다.

셋째로, 예언의 은사를 개발해야 한다.

"그러므로 내가 나의 안수함으로 네 속에 있는 하나님의 은사를 다시 불 일듯 하게 하기 위하여 너로 생각하게 하노니"_딤후 1:6

여기서 '은사를 불 일듯 하게 한다'는 말은 은사를 휘저어서 위로 올라오게 한다는 뜻이다. 즉 하나님의 은사를 이미 받았지만 잘 사용하지 않은 것을 안수를 통하여 활성화시키겠다는 뜻이다. 이것은 우리에게 무엇을 시사하는가? 훈련을 통하여 영적인 은사를 개발할 수 있다는 것이다.

예언의 은사는 전적으로 하나님께서 주시는 선물이기 때문에 자신은 아무런 노력을 하지 않아도 된다고 생각하는 것은 매우 잘못된 것이다. 은사의 원천은 하나님이지만 그것을 관리하고 향상시켜야 할 책임은 우리에게 있다. 우리는 받은 은사를 땅에 묻어 두지 말고 발전시켜 나가야 한다.

그러나 은사를 개발해야 한다는 말을 우리가 연습하면 은사를 받을 수 있다는 뜻으로 이해해서는 안 된다.

은사는 하나님께서 주시는 선물이지 연습으로 받는 것이 아니다. 열심히 연습하면 예언의 은사를 받을 수 있다는 말은 비성경적인 말이라는 것을 알아야 한다.

넷째로, 서로를 필요한 자로 인식하는 겸손한 마음을 가져야 한다.

"몸 가운데서 분쟁이 없고 오직 여러 지체가 서로 같이 돌보게 하셨느니라"_고전 12:25

몸의 각 지체가 서로를 필요로 하듯이, 우리는 하나님께서 성령을 통해 우리에게 주신 모든 것들을 필요로 한다. 아무리 훌륭하게 예언사역을 할지라도 스스로 하나님의 음성을 듣지 못하는 경우가 있는 것은 서로를 필요로 하는 존재라는 것을 의미한다.

성령께서 각 사람의 문제들에 대해 직접 말씀하실 수도 있지만 그렇게 하시지 않는 것은 우리가 서로를 돌아보아야 할 존재임을 깨닫도록 하시기 위해서이다. 예언사역을 했던 다윗 왕이 때때로 다른 예언자들에게 자문을 청할 뿐만 아니라, 예언자들에게 열려 있었던 것은 그들을 필요로 하지 않을 만큼 자신을 완전하다고 생각하지 않았기 때문이다.

일반적으로 예언을 하는 사람은 예언을 받으러 오는 사람보다 자신을 우월하다고 생각하는 경향이 있다. 그러나 예언의 은사를 받았다고 다른 사람보다 믿음이 좋거나 특별한 것이 아니다. 예언은 다른 사람들을 섬기라고 주신 성령의 은사 중 하나에 불과한 것이다. 따라서 예언을 하는 사람은 자기 뜻이나 생각을 말해서 상대방의 생각과 감정을 조종하려고 해서는 안 된다. "계속해서 같은 죄를 지으면 죽을병에 걸린다"라고 하든지, "이 말씀대로 행하지 않으면 하나님이 버리실 것이다"라는 식으로 예언을 하는 것은 바람직하지 않다.

다섯째로, 아버지의 마음으로 예언을 해야 한다.

"그리스도 안에서 일만 스승이 있으되 아버지는 많지 아니하니 그리스도 예수 안에서 내가 복음으로써 너희를 낳았음이라"_고전 4:15

예언을 하려는 사람은 먼저 하나님 아버지의 마음을

품어야 한다. 아비는 행함으로 본을 보여주고 관심과 사랑을 지속적으로 베푸는 자다. 그리고 가르치되 꼭 필요하고 알기 쉽게 가르치는 자이다. 즉 아버지의 마음은 긍휼과 사랑과 용서의 마음이다. 이런 마음으로 예언사역을 해야 사역의 열매를 풍성히 맺을 수 있는 것이다.

일반적으로 예언사역으로 인해 교회가 바르게 세워지기보다 더 큰 상처를 받는 경우가 발생하게 되는 것은 아버지의 마음으로 예언하지 않고 심판자의 마음으로 사역하기 때문이다. 예언사역자는 하나님의 말씀을 전달하는 자이지 심판자가 아니다. 사도 바울은 우리에게 스승의 마음으로 사역하지 말고 아비의 마음으로 사역하라고 권면하고 있다(고전 4:15-16).

여섯째로, 항상 예언할 수 있다고 생각해서는 안 된다.

예언은 하나님의 말씀을 대언하는 것이다. 따라서 하나님께서 침묵하시는 경우는 예언자도 침묵을 해야 한다. 혹 예언의 은사를 받았을지라도 항상 예언할 수 있는 것이 아니다. 머리 위에 손을 얹기만 하면 하나님께서 항상 말씀을 주신다고 말하는 것은 거짓일 가능성이 높다. 성령의 기름부음이 임할 때만 예언할 수 있을 뿐이다.

사실 예언을 기대하고 찾아온 사람에게 아무런 말도 할 수 없는 것보다 비참한 것은 없다. 그래서 자신을 신령한 자로 보이기 위해 하나님께서 말씀을 주시지 않아도 받은 것처럼 말을 지어내어 예언하고 싶은 유혹이 찾아온다.

하나님께서는 예언자가 사람의 눈을 무서워하지 않고 정말 하나님만을 의지하는지를 달아보신다. 예언사역자는 이 시험에 승리해야 한다. 하나님께서 아무 말씀도 하시지 않을 때에는 하나님께서 말씀을 주시지 않는다고 말할 수 있는 용기가 있어야 한다.

일곱째로, 예언을 돈 버는 수단으로 사용해서는 안 된다.

"시몬이 사도들의 안수로 성령 받는 것을 보고 돈을 드려 이르되 이 권능을 내게도 주어 누구든지 내가 안수하는 사람은 성령을 받게 하여 주소서 하니 베드로가 이르되 네가 하나님의 선물을 돈 주고 살 줄로 생각하였으니 네 은과 네가 함께 망할지어다 하나님 앞에서 네 마음이 바르지 못하니 이 도에는 네가 관계도 없고 분깃 될 것도 없느니라"_행 8:18-20

성령의 모든 은사는 돈을 주고 사고 팔 수 없다. 따라서 예언의 은사를 돈을 벌 목적으로 사용해서는 안 된다. 물론 구약시대에는 선지자를 찾아가 예언기도를 받을 경우 빈손으로 가지 않고 예물을 준비했다. 그러나 이 말씀을 근거로 돈을 벌기 위한 수단으로 예언사역을 해도 된다고 주장하면 안 된다. 왜냐하면 신약시대의 예언은 하나님께서 교회의 유익을 위하여 성령의 은사로 주신 것이지 사역자의 생계를 위한 도구로 주신 것이 아니기 때문이다.

그러나 경우에 따라서는 예언사역도 주님의 일이기 때문에 하나님께서는 그 사역을 통하여 예언사역자의 필요를 채워주시기도 한다는 것을 알아야 한다.

"성전의 일을 하는 이들은 성전에서 나는 것을 먹으며 제단에서 섬기는 이들은 제단과 함께 나누는 것을 너희가 알지 못하느냐 이와 같이 주께서도 복음 전하는 자들이 복음으로 말미암아 살리라 명하셨느니라"_고전 9:13-14

　예언의 은사를 잘 사용하면 큰 유익을 가져오지만 돈을 벌기 위한 수단으로 사용하면 성령의 인도를 받지 못하고 악령의 인도를 받기 때문에 거짓 예언을 하게 되어 하나님의 이름을 욕되게 한다는 것을 알아야 한다.
　몇 해 전에 족집게 예언자로 소문난 K목사가 있었다. 그녀는 중대형교회의 담임목회자와 부흥회를 하기 전에 흥정을 하고서 예언기도를 통하여 헌금을 작정시키고 들어온 헌금을 일정한 비율로 나누었다. 하나님께서 그 목사를 가만히 보고만 계시지 않았다. 개입하셔서 젊은 나이에 그 목사를 불러가셨다. 은사사역자들은 이것을 타산지석으로 삼아야 한다.

5. 예언에 이렇게 반응하라

 예언사역을 잘 해도 예언을 받는 자가 잘못 받아들이면 예언사역을 통해 풍성한 열매를 맺을 수 없다. 어떻게 하면 예언사역이 하나님께는 영광이 되고 예언을 받는 자에게는 크게 유익하도록 할 수 있을까?

 첫째로, 성경보다 예언을 중시하지 말아야 한다.
 성경은 하나님의 말씀으로 그리스도인의 삶과 신앙과 사역의 교과서이기 때문에 우리에게 성경보다 더 소중한 것은 없다. 그런데 예언의 말씀이 성경의 말씀보다 더 구체적이고 상황적이기 때문에 자칫 잘못하면 성경의 말씀보다 예언의 말씀에 더 마음을 빼앗길 수 있다.
 그러나 혹 예언의 말씀이 정확하게 성취된다고 하더라도 성경보다 예언의 말씀에 더 무게 중심을 두면 안 된다. 왜냐하면 성경은 예언의 말씀이 옳고 그른지를 판단하는 유일한 잣대이기 때문이다. 성경의 말씀보다 예언의 말씀에 더 무게 중심을 둔 결과 우리는 엄청난 시련을 겪게 되었는데, 그것이 바로 다미선교회의 '시한부 종말론' 사건이다. 이 사건은 당시 성경번역위원이었던 이장림 씨를 중심으로 1992년 10월 28일에 주님께서 오심으로 휴거가 된다고 선포한 데서 비롯된 것이다.

성경은 그 날과 그 시를 아무도 알 수 없다(마 24:36, 참조 막 13:32)고 분명히 말씀하고 있는데 어떻게 그런 일이 일어날 수 있었을까? 그것은 성경의 말씀보다 소위 직통계시를 받는다는 5명의 어린 종들의 예언을 더 신뢰하고 그들의 말을 따랐기 때문이다.

둘째로, 예언을 멸시하지 말아야 한다.

"예언을 멸시하지 말고"_살전 5:20

여기서 말하는 '예언'이 성경말씀을 의미하는지, 성령의 은사로서의 예언을 의미하는지에 대하여는 첨예하게 대립하고 있다. 그러나 본 '예언'은 기록된 성경말씀이 아니고 성령의 은사로서의 예언을 의미하는 것으로 보아야 한다. 왜냐하면 바울이 편지 전반부에서 "이러므로 우리가 하나님께 끊임없이 감사함은 너희가 우리에게 들은바 하나님의 말씀을 받을 때에 사람의 말로 받지 아니하고 하나님의 말씀으로 받음이니 진실로 그러하도다 이 말씀이 또한 너희 믿는 자 가운데에서 역사하느니라"(살전 2:13)라고 말씀하고 있듯이, 말씀과 성령의 은사인 예언을 구분하여 사용하고 있기 때문이다.

우리는 비록 하나님의 말씀이 예언의 형태로 전달되었어도 멸시하지 말아야 한다. 왜냐하면 예언도 성령의 감동하심으로 전달되기 때문에 예언을 멸시하는 것은 곧 성령을 소멸하는 것과 같기 때문이다. 그래서 바울은 "예언을 멸시하지 말고"(살전 5:20)라고 말하기 전, 앞 절에서 "성령을 소멸하지 말며"(살전 5:19)라고 말씀하고 있는 것이다.

혹 예언이 틀릴지라도 멸시하지 말아야 한다. 예언은 크게 영감적인 예언과 계시적인 예언으로 나누어진다. 매 순간 성령 충만하면 영감적인 차원에서의 예언은 얼마든지 할 수 있다. 이 예언은 교회에 덕을 세우며 권면하고 위로하기 위해 주어지지만 틀릴 수도 있고 실수할 수도 있다. 그러나 혹 그렇다 할지라도 예언을 무시하고 멸시해서는 안 된다. 예언자의 상태에 따라 전혀 다른 결과의 예언을 할 수 있다. 예언이 틀린 것은 하나님께서 틀리신 것이 아니라 예언을 전달하는 자가 틀린 것임을 알아야 한다.

셋째로, 예언은 분별해서 받아야 한다.

"예언하는 자는 둘이나 셋이나 말하고 다른 이들은 분별할 것이요"_고전 14:29

예언은 예언하는 자의 주관적 요소들에 의해 좌우될 수 있기 때문에 무조건 받아들여서는 안 된다. 예언의 내용이 하나님의 말씀에 비추어 볼 때에 타당하지 않으면 단호히 물리치고 거부해야 한다.

예언은 신앙생활에 큰 유익을 주기도 하지만 한편으로는 인간적인 생각과 사탄의 역사가 개입될 수 있으므로 부작용이 있을 가능성이 많다. 그러므로 반드시 예언은 분별되어져야 한다. 예언을 하는 자도 분별해야 하겠지만 예언을 받는 자는 더욱 더 분별해야 한다. 예언을 분별함에 있어서 가장 중요한 기준은 예언이 덕을 세우고 권면하고 안위하는가를 보는 것이다(고전 14:3).

또한 상대방을 통제하고 조작하려고 하거나 무속인처럼 예언을 대가로 돈을 요구하는 것 등은 잘못된 예언으로 판단해야 한다.

  넷째로, 장차 일어날 일을 알기 위해 예언기도를 받는 것은 삼가야 한다.

  사람은 누구나 미래에 대하여 알고 싶어 하는 마음을 갖고 있다. 필자 역시 신앙의 초기에는 미래에 대한 불안함과 궁금증을 해결하기 위해 소위 신령하다고 소문난 예언자의 기도를 받으려고 이곳저곳을 쫓아다닌 적이 있다. 그리고 필자에게 미래에 일어날 일에 대하여 예언기도를 해주기를 바라며 찾아오는 사람들도 있다.

  그런데 단지 미래에 대한 불안과 궁금함으로 예언기도를 받으려고 하면 안 된다. 왜냐하면 이렇게 한다는 것은 하나님께 자신의 삶을 온전히 맡기지 못했다는 것을 반증하기 때문이다. 신앙이란 무엇인가? 우리를 죄에서 구원하신 전능하신 하나님께 모든 것을 맡겨 드리는 것이다. 우리는 미래에 지을 죄까지 다 용서 받고 영생을 보장받은 자들이기 때문에 어떤 일을 만나도 걱정할 것이 없는 자들이다.

그러나 우리가 미래에 대한 불안과 궁금함으로 예언기도를 받지 말아야 할 보다 더 중요한 이유가 있다. 그것은 예언기도로 인생의 진로를 결정하는 것이 습관화되면 인생이 운명론적으로 바뀌게 되어 신앙의 참 자유를 누릴 수 없기 때문이다. 즉 겉으로는 하나님의 뜻대로 사는 것 같이 보이지만 실제로는 예언자의 말에 따라 인생이 좌지우지되는 결과를 맞이하게 되기 때문이다.

그렇다고 미래에 대한 예언기도가 전혀 필요치 않은 것은 아니다. 예언 받은 내용과 평소 자신이 생각한 방향이 다를 경우는 진지하게 자신의 나아갈 방향을 검토해 볼 수 있고, 반면에 일치할 경우는 더욱 더 확신을 갖고 앞으로 나아갈 수 있는 장점이 있다.

다섯째로, 다른 사람의 예언보다는 성령의 내적인 인도를 따라야 한다.

"여러 날 머물러 있더니 아가보라 하는 한 선지자가 유대로부터 내려와 우리에게 와서 바울의 띠를 가져다가 자기 수족을 잡아매고 말하기를 성령이 말씀하시되 예루살렘에서 유대인들이 이같이 이 띠 임자를 결박하여 이방인의 손에 넘겨 주리라 하거늘 우리가 그 말을 듣고 그 곳 사람들과 더불어 바울에게 예루살렘으로 올라가지 말라 권하니 바울이 대답하되 여러분이 어찌하여 울어 내 마음을 상하게 하느냐 나는 주 예수의 이름을 위하여 결박 당할 뿐 아니라 예루살렘에서 죽을 것도 각오하였노라 하니 그가 권함을 받지 아니하므로 우리가 주의 뜻대로 이루어지이다 하고 그쳤노라"_행 21:10-14

사도 바울은 예언의 은사를 받은 사람들로부터 여러 번 자신이 예루살렘에 올라가면 결박과 환난을 당할 것이라는 예언을 들었다. 그러나 그는 그런 예언에 얽매이지 않고 예루살렘으로 올라갔다. 이런 행동을 어떻게 이해해야 할까? 혹 바울이 성령의 음성에 불순종한 것은 아닐까? 전혀 그렇지 않다. 오히려 그가 예루살렘으로 올라간 것은 성령의 인도하심을 따른 것이었다.

"보라 이제 나는 성령에 매여 예루살렘으로 가는데 거기서 무슨 일을 당할는지 알지 못하노라"_행 20:22

우리가 어떤 일을 결정할 때에 예언의 은사를 받은 사람이 하는 말과 자신 안에 거하시는 성령께서 주시는 음성이 다를 수가 있다. 이럴 경우 어떻게 해야 할까? 바울처럼 다른 사람의 예언이 아니라 자신 안에서 말씀하시는 성령님의 인도를 따라야 한다.

여섯째로, 예언은 조언이나 참고사항에 불과하다는 것을 알아야 한다.

"우리는 부분적으로 알고 부분적으로 예언하니"
_고전 13:9

'우리가 부분적으로 예언을 한다'는 것은 우리의 예언사역이 완전하지 않다는 것을 의미한다. 같은 하나님의 계시라고 할지라도 기록된 성경말씀은 완전하지만 성령의 은사인 예언은 완전하지 못하다.

따라서 어떤 일을 결정할 때에는 예언을 조언이나 참고사항으로 알아야지 자신의 삶의 방향을 결정하는데 가장 중요한 원천으로 생각해서는 안 된다. 그리스도인은 하나님의 영으로 인도를 받는 자이지, 예언자의 인도를 받는 자가 아님을 알아야 한다. 혹 믿을 만한 사람으로부터 예언을 받았을지라도 자신이 직접 기도하여 응답을 받고, 다른 여러 가지를 종합적으로 판단하여 결정을 내려야 한다. 성경보다 예언기도를 중시하여 자신의 삶의 방향을 결정한다면 이는 자신의 신앙이 말씀 중심의 신앙에서 벗어나 있다는 것을 알아야 한다.

일곱째로. 예언의 성취는 절대적이 아니라 상대적임을 알아야 한다.

"그러므로 이스라엘의 하나님 나 여호와가 말하노라 내가 전에 네 집과 네 조상의 집이 내 앞에 영원히 행하리라 하였으나 이제 나 여호와가 말하노니 결단코 그렇게 하지 아니하리라 나를 존중히 여기는 자를 내가 존중히 여기고 나를 멸시하는 자를 내가 경멸하리라"_삼상 2:30

이 말씀은 하나님께서 엘리 제사장에게 하신 말씀인데 비록 하나님께서 엘리 제사장을 축복하시겠다고 말씀하셨지만 엘리가 불순종하므로 그 축복을 취소하시겠다는 내용이다. 이것은 우리에게 무엇을 교훈하는가? 예언의 성취가 우리의 태도에 따라 바뀔 수 있다는 것이다. 즉 예언의 성취는 절대적인 것이 아니라 상대적인 것이라는 말이다.

우리는 히스기야 왕을 통해서도 이러한 사실을 확인할 수 있다. 이사야 선지자가 히스기야 왕에게 찾아가 그가 곧 죽을 것을 예언했지만 히스기야 왕은 겸손히 하나님께 매달려 기도하여 생명을 15년이나 연장 받았다.

따라서 우리가 축복의 예언을 받았을 경우는 그 예언이 이뤄지도록 겸손히 노력해야 하고, 심판의 예언을 받았을 경우는 그 일이 이루어지지 않도록 회개하며 하나님께 매달려야 한다.

| 에필로그 |

  본서를 집필하기까지는 크게 세 가지 장애물이 있었다. 첫째는 신학적으로 첨예하게 대립하고 있는 주제를 어떻게 다루어야 할지에 대한 심적인 부담감이었고, 둘째는 본서의 집필에 대한 지인들의 거센 만류였고, 셋째는 누적된 출판비용으로 인한 재정적 압박감이었다.

  그래서 본서를 집필하는 중에도 그만 두려고 여러 번 생각했었다. 그러나 집필을 하면 할수록 본서의 집필을 반드시 마쳐야 한다는 일종의 사명감을 느꼈다. 그 사명감으로 지극히 짧은 기간 안에 집필을 마칠 수 있었다.

사실 본서의 최고 수혜자는 필자 자신이다. 왜냐하면 본서를 집필하면서 본서의 내용과 관련된 책과 글들을 참고하며 많은 도움을 얻을 수 있었기 때문이다.

본서의 출간을 기획한 이경옥 권사, 교열을 맡은 임은묵 목사, 교정을 맡은 정혜지 자매, 표지 사진을 찍어 준 박선림 목사에게 감사를 표한다. 특별히 직장생활과 대학교 출강으로 매우 바쁜 가운데에서도 표지와 내지를 한 푼도 받지 않고 아름답게 디자인해 준 임미정 자매에게 깊은 감사를 표한다. 하나님께서 임미정 자매의 헌신을 받으시고 그녀가 심은 것보다 100배의 복을 더해 주시기를 간절히 기도드린다.

주후 2012년 1월 12일

한국교회에 성경적인 예언사역이
활짝 꽃피우기를 기도하며

안창천

예언사역에 대해 좀 더 알고 싶은 분, 개인과 교회의 사명이 무엇인지를 알고 싶은 분, 홍바울 목사를 집회에 초청하기를 원하는 분은 **홍바울목사(010-9211-2771)**, 또는 **이경옥권사(010-9162-1647)**에게 연락하시기 바랍니다